红色摇篮 绿色家园

江西风景独好

红色摇篮 绿色家园

江西风景独好

游遍江西

景德镇

千年瓷都

主编 王晓峰

江西人民出版社
Jiangxi People's Publishing House
全国百佳出版社

龍珠閣
龍珠閣

总 序

朱 虹

旅游，是一个古老的话题，

旅游，也是一个现代的话题，

旅游，更是一个常说常新的话题。

在中国古代，《五经》中的《周易》就有“旅”“观”二卦，卦辞对“旅行”和“观光”进行了表述。先秦文献《穆天子传》中，也有周穆王驾八骏巡游的生动记载。就江西而言，历代文人墨客留下的旅游佳作举不胜举。以世界级名山庐山为例，《史记》中就有夏禹、秦皇、汉武、司马迁浮长江登庐山的记载，陶渊明、李白、孟浩然、白居易、苏东坡、王阳明等许多大诗人也都有题咏，明代旅行家徐霞客则有生动的游记。

旅游作为一门学科，作为一种行业，则是近现代才兴起的新的学科和行业。江西学者伍飞先生对全球旅游进行了探索性的研究，并就此访问了60位外国驻华大使，撰写了被誉为旅游界“圣经”的《旅游整合世界》，其观点为世界许多政要、东西方学者和国际旅游从业者们所认可。诚如伍先生所言：“旅游整合世界，共享人类文明。”蓝色的地球，五大洲、四大洋，寒温热三带，有说不尽道不完的自然的和人文的旅游景

观。从遥远的上古到21世纪的今天，人类文明的步履行进了几十万年，踏遍了全球。现今，人类还在向地球外的宇宙，进行不断地探索，遨游太空也已成为现实。因为大自然的神工鬼斧与人类无尽的创造力，自然的与人文的遗产遍布寰球。对于旅游业来说，毋庸置疑，这一切都是可以利用的巨大的资源。人类有着不同的肤色、不同的民族、不同的语言文字、不同的宗族信仰、不同的风俗民情，但是，就旅游的概念而言，这一切都可以打破，这一切也都正在被打破，地球村的村民们共享着大自然的馈赠和人类自身所创造的文明。旅游，既是人类享受生命的一种特别方式，也是人类社会不断和谐发展的巨大的推动力。

江西，地处长江中下游的南岸，古称“吴头楚尾，粤户闽庭”。这片自然造化所眷顾的赣鄱大地，这片先民们生息繁衍、开发了几万年的赣鄱大地，旅游景观之丰富为世人所瞩目。

江西风景独好。市市有好山好水、县县有旅游景点，旅游资源种类多、品位高、潜力大。拥有国家旅游资源标准分类八大类155种基本景观中的153种，有世界遗产地5处，世界地质公园4处，5A级以上旅游景区6处，国家级风景名胜区14处，综合评价位居全国前列。红色旅游资源、绿色山水资源、古色历史文化资源交相辉映，最具代表的“3461”景区，即四大名山（庐山、井冈山、三清山、龙虎山）、四大摇篮（“中国革命的摇篮”井冈山、“人民军队的摇篮”南昌、“人民共和国摇篮”瑞金、“中国工人运动的摇篮”安源）、四个千年（“千年瓷都”景德镇、“千年名楼”滕王阁、“千年书院”白鹿洞、“千年古刹”东林寺）以及一湖（中国最大的淡水湖鄱阳湖）、一村（中国最美的乡村婺源）、一海（庐山西海）、一峰（龟峰）、一道（“小平小道”）、一城（共青城）等闻名于世。这些丰富的资源，不仅仅是江西的，也是中国的，更是为世界所共享的巨大财富。

为了更广泛深入地推介江西的旅游产品，进一步提高江西旅游形象品牌在海内外的影响力和知名度，不断拓展江西的客源市场，更好地为游客服务，自2013年5月中旬开始，江西省旅游协会与江西人民出版社联手，精心策划、组稿、审阅，编辑出版了这部“游遍江西旅游系列丛书”。这部丛书共分11册，每册约9万字，是一套系统的全方位的介绍江西各地旅游文化资源的精品图书，既有权威性，又具较强的可读性，也是一套供自驾游和自助游爱好者参考的旅游指南，图文并茂，简明实用。这项重要的旅游文化出版工程，可用“精、全、细”三字来概括。精，即不仅图书是精品，介绍的旅游资源也多为精品；全，即一套在手，江西的旅游资源基本上尽收眼底；细，即一册在手基本的旅游信息里面都有，体贴细致。江西的旅游资源、文化遗产，正在为天下人所共享，而这套丛书的问世，其作用与意义将不言而喻。

江西是个好地方，道不尽自然的壮丽和秀美；江西是个好地方，说不完人文的深厚与绵长！这里是神奇江西——物华天宝，人杰地灵；这里是美丽江西——青山绿水，如画如诗！

是为序。

（朱虹　江西省人民政府副省长）

目录

第一章　结缘瓷都——千年古镇

第二章　相约瓷都——古韵今存

第三章　穿越瓷都——流连忘返

第四章　淘宝瓷都——购物天堂

第五章　吃在瓷都——舌尖之舞

第六章　好梦瓷都——宾至如归

第七章　开心瓷都——别样体验

第八章　行走瓷都——闲庭信步

【附　录】

当您翻开这本书的时候，不管您是否到过景德镇，您，就算是与景德镇结缘了。

景德镇，中国古代“四大名镇”之一，是世界闻名的“瓷都”，是国务院公布的全国首批24座历史文化名城之一。这座古镇，依靠手工制瓷这门技艺，不仅撑起了一个个小家，还撑起了一座城镇。这一撑不是十年百年，而是一千多年，至今仍薪火相传、生生不息。这在人类历史上不说是绝无仅有，恐怕也是凤毛麟角吧。

今天您走在“瓷都”景德镇的大街小巷，各种现代化的气息会向您迎面扑来。林立的高层公寓，繁华的商业闹市，拥挤的十字路口，缤纷的街心花园，缓缓的汽车长龙，匆匆的时髦男女……大概您很难把这些与“千年古镇”“历史名城”联

CHAPTER 1

结缘瓷都

——千年古镇

系在一起。然而，只要您走进古窑民俗博览区，走进御窑遗址公园，走进一个个陶瓷大师的工作室，走进散落在里弄小巷的众多制瓷作坊，您就会发现，拉坯的辘轳车还在转动，画坯的青花笔还在飞舞，青花瓷、粉彩瓷依旧亭亭玉立，玲珑瓷、色釉瓷依旧光彩夺目，雕塑瓷依然惟妙惟肖。跳动了千年的“心脏”还在“怦怦”地搏动，流淌了千年的血脉还在“突突”地奔流。

面对这样的古镇，您难道不想亲自来看一看她的风采，摸一摸她的脉搏，淘一淘她的宝贝，做一次穿越时空的旅行吗?

我想，您的回答一定是肯定的。

我，在景德镇等着您!

一 历史悠久的古镇

在赣、皖两省交界处一个位于黄山、怀玉山余脉与鄱阳湖平原的过渡地带，密布着层层叠叠的大小山峰，其间流淌着无数的山泉小溪。这些山泉小溪顺着地势向南流去，渐渐汇合成东河、南河、西河，就在这些河流汇入昌江的地方，水流缓了，水面宽了，呈现出一片开阔地域。这，就是孕育了景德镇这片风水宝地的地方。

景德镇城市雕塑——火炬

在东晋之前，景德镇的称谓是什么，史书未见记载，我们不得而知。我们只能从史料上得知，春秋战国时，此地属古番（读作pó）邑，为楚国东境。秦始皇二十六年（公元前221年）分全国为36个郡，此地属九江郡番县。西汉高帝五年（公元前202年），“番”县改称“番阳”县，属豫章郡管辖。东汉光武帝时，“番阳”县改为“鄱阳”县，地属庐陵郡。三国时，鄱阳郡属吴国扬州，此地域随属扬州管辖。西晋元康元年（291年）又改属江州。

东晋咸和元年（326年）至咸和九年（334年）时，这里有了正式的称谓，叫作新平镇。浮梁旧志载“新平冶陶，始于汉世”，指的就是这个地方。

又过了200多年，至唐武德四年（621年）时，因此地处在昌江之南，遂改称作昌南镇，先后属鄱阳县、新平县（后改称新昌县）管辖。唐天宝元年（742年）新昌县更名为浮梁县。

时光荏苒，岁月悠悠。在将近400年后的宋真宗景德元年（1004年），北宋真宗皇帝赵恒登基，命昌南镇进贡御瓷。宋真宗见所贡御瓷青白透亮、质地优良，底书“景德年制”四个字，龙心大悦，遂以其年号将昌南镇更名为景德镇。至此，景德镇——这个享誉神州大地乃至全世界的地名诞生了，并被沿用至今。

在此后1000多年的岁月里，景德镇一直在不断地吸纳包容、发展壮大，逐渐成为世界的制瓷中心。

1949年，中国历史翻开了新的一页。景德镇脱离了它的母体——浮梁县，成为一个单独的行政区域——景德镇市。1953年，升格为江西省直辖市。1960年，浮梁县撤销，并入景德镇市。其后，辖区几经变更。1988年至今，辖区内有乐平市、浮

昌南大道陶艺墙

梁县、珠山区、昌江区。辖区面积为5256平方千米，拥有人口169万人，其中，城市人口有50万人。

二 举世闻名的“瓷都”

郭沫若的诗句“中华向号瓷之国，瓷业高峰是此都”，指的就是景德镇。瓷器是中国人的伟大发明，亦被誉为“中国第五大发明”，景德镇则是中国瓷器最杰出的代表。据考古资料显示：景德镇地区早在新石器至商周时期就开始生产陶器，如距今3500—4000年的乐平高岸岭新石器遗址，曾出土陶器罐、杯、壶、碗、盘、鼎、鬶、鬲和网坠等；浮梁燕窝里、天子畈、水家车等商周遗址也曾出土陶片；在湖田窑遗址，考古人员曾发掘、清理一座商代灰坑，出土了夹砂、陶罐等。

到了晚唐，景德镇开始生产青瓷。南窑窑址、兰田窑址生产的青瓷与唐五代越窑器相似。使用瓷土（由瓷石舂碎、淘洗、陈练而成）生产的白瓷，瓷胎致密，透光度较好，接近现代瓷器的标准，为景德镇彩瓷时代的到来奠定了材质基础。

珠山之巅龙珠阁

两宋时期，景德镇瓷业进入了发展时期，所产青白瓷，釉汁微带青色，“质薄腻，色滋润……光致茂美”，“皆有‘饶玉’之称”，最好的釉色被后世称为“影青”或“映青”，其瓷胎白度和透明度已接近现代细瓷的水平。装饰以刻花、印花为主，题材有各式水波、飞凤、牡丹、莲荷、鱼水等，产品种类有碗、盘、壶、盏、盒、罐、花瓶、香炉、瓷枕及供观赏用的雕塑瓷等器物。

元代青花梅瓶

早在1278年，元王朝在景德镇设立的“浮梁磁局”，为景德镇瓷业生产的发展创造了一定的条件。其时，景德镇为烧造大件器物，将以往的一元配方改为二元配方（即在瓷石中加入高岭土）。除继续烧造青白瓷外，又创烧了卵白釉（或称枢府釉）、黑釉、红釉、蓝釉、孔雀绿、青花瓷、釉里红、青花釉里红等。其中，青花瓷、釉里红、青花釉里红的烧造成功，标志着景德镇迎来了彩瓷时代。元青花器形种类繁多，装饰题材相当丰富，层次多，规整严谨，笔法自由。

入明之后，景德镇有官窑与民窑之分。明代早中期官窑有时候为了追求审美最大化（新奇特、高精尖），生产几乎不计成本，垄断最好的原材料，役使最优秀的工匠，动用宫廷画家设计图样，全力以赴生产皇家用瓷，客观上极大地推动了景德

明官窑青花梨形壶

镇瓷业的发展。永乐以青花压手杯、甜白器最为有名；宣德的霁红、霁蓝都很精致，并创烧青花斗彩瓷；成化将青花斗彩推向高峰，还创烧素三彩、五彩，其薄胎印花龙纹杯，确实给人“唯恐风吹去，还怕日炙消”的感觉，青花斗彩鸡缸杯在明代末期就已经是“成杯一双，值钱十万”了。明代民窑也是各式具备，其间有制瓷名家崔国懋、周丹泉、吴昊十九、陈仲美等。

清代沿袭明代遗制，仍分官窑和民窑两种。在继承前代制瓷技艺的基础上，又有了诸多创新。康熙朝创制了郎红釉瓷、十二花卉纹小杯、珐琅彩瓷，还开始在瓷上作端正小楷，如《出师表》《圣主得贤臣颂》等。雍正、乾隆朝更是“选料奉造，极其精雅”，胎的白度达77.5%，釉的白度达70.62%，说它“莹素如银”一点都不为过。瓷器釉色无不丰富多彩，如窑变、炉钧、东青、天蓝、豆青、茶叶末、鳝鱼青等，更有“锦上添花”（又称“轧道”或“扒花”）的装饰工艺，叫人叹为观止！嘉庆、道光以后，制瓷虽然日渐衰微，但仍有不少创新产品，清末产生了以程门、金品卿等为代表的瓷上浅绛彩瓷绘技法。

清王朝的覆灭，致使御窑随之解体。景德镇瓷业失去了国家资本、智力的支持，加之国家内忧外患，使其处于日益萧条的困境之中。尽管如此，民国时期的瓷业还是取得了一些新成就，其中最具代表性的人物有“珠山八友”。

中南海用瓷

新中国成立后，景德镇陶瓷产业在继承中创新发展，逐步形成了日用陶瓷、陈设艺术陶瓷、工业技术陶瓷、建筑卫生陶瓷、电子陶瓷和特种陶瓷等门类齐全的大陶瓷格局，以及包括原辅材料、陶瓷生产、内外贸易、科研设计和教育等在内的配套完整的陶瓷产业体系。近年来，还吸引了汉光、海畅、乐华、金意陶、欧胜诺、特地等一批国内外知名陶瓷企业来景德镇发展，“天下窑器汇聚”的繁荣盛景得以重现。

三 大事记

东晋咸和元年（326年）至咸和九年（334年），设新平镇在昌江之南。

陈至德元年（583年），陈后主大建宫殿于建康，诏新平以陶础贡，巧而弗坚，再制不堪用。

隋大业间（605-617年），制狮象大兽二座，奉于显仁宫。

唐武德四年（621年）置新平县。新平镇改称昌南镇。同年，新平民户霍仲初等制瓷进御。色素质薄，佳者莹缜如玉，

浮梁古县衙历史文化长廊

时称“霍窑”。

武德年间（618–628年），镇民陶玉载瓷入关中，称“假玉器”，且贡于朝，于是昌南镇瓷名天下。后称“陶窑”。

开元四年（718年），新平县更名为新昌县。

天宝元年（742年），新昌县更名为浮梁县。

宋建隆二年（961年），于浮梁县城西隅，建西塔，因其红色，又名红塔。

景德元年（1004年），置景德镇，隶饶州浮梁县。

元丰五年（1082年），设饶州景德镇瓷窑博易务。

绍兴三年（1133年），秋八月，岳飞自江州入朝，船泊景德镇肇阳石壁之下，登旸府山绝顶。

元至正十五年（1355年），朝廷在景德镇设立浮梁瓷局，专掌瓷器烧造。

明洪武二年（1369年），建陶厂。

建文四年（1402 年），将陶厂改为御器厂，共有大龙缸窑、青窑等约 20 座。

宣德八年（1433年），尚膳监题准，遣官员1人关出该监式样，烧造各样龙凤瓷器44.35万件。

正统元年（1436年），民户陆子顺向北京宫廷进贡瓷器5万余件。

万历二十五年（1597 年），巡按方河委监厂事，负责督陶，在镇作恶，引起民愤，陶工和镇民火烧御器厂门坊。

万历二十七年（1599年），太监潘相兼理窑务，因烧造龙缸，陶工童宾被逼投火死，引起全镇“民变”。

清顺治十一年（1654年），在明御器厂基础上，扩建窑厂造瓷。

康熙十九年（1680年），九月，奉旨烧造御器。每制成之器，实估价值，陆续进呈。

康熙二十年（1681年），臧应选以工部郎中驻御窑厂督造。所制瓷器，多循宣成法度，诸色兼备，世称“臧窑”。

康熙四十四年（1705年），郎廷极巡抚江西，兼理窑政，专窑烧制，独出心裁，器皆精美，亦供进御，世称“郎窑”。

雍正四年（1726年），年希尧以内务府总管奉命监理淮安板闸关，兼景德镇御窑厂总理，物力富裕，工事精良，世称“年窑”。次年，年希尧任景德镇御窑厂督理官。

雍正六年（1728年）十月，唐英以内务府员外男奉命驻厂协理瓷务，其时，年希尧仍为总理，遥管厂事。

乾隆元年（1736年），唐英继年希尧任总理，总管瓷务。

乾隆八年（1743年）五月，唐英编绘《陶冶图》20幅。

咸丰三年至咸丰十一年（1853-1861年），太平军多次进出景德镇。御窑厂停止烧造。

同治五年（1866年），兴复御窑厂。在旧址重建堂舍72间。所有督陶事务由九江关监督通领。

同治八年（1869年）十月，德国地质学家李希霍芬来景德镇考察高岭土，并在他所著的《中国》第三卷中做了详细叙述。从此，高岭土名传世界，成为专有名词。

光绪二十九年（1903年），江西巡抚柯逢时会同督臣魏光焘折奏开办景德镇瓷器公司，以振工艺保利权。

宣统元年（1909年）三月，清政府农工商部对成立景德镇瓷业公司核准立案，其性质为官商合办。

宣统二年（1910年），江西瓷业公司正式成立。官商合办。设本厂与分厂二处，本厂设于景德镇，分厂设于鄱阳。

民国元年（1912年，以下改用公元纪年），浮梁县设公署，知县改称知事。同年9月，镇立女子公学创立。

1915年2月，镇内瓷器街遭火灾，延烧80余家，损失瓷器甚巨。

1916年，浮梁县署迁至景德镇。

1919年，景耀电灯公司创办，有150马力的蒸汽机和容量为100千瓦的发电机一台。

1926年6月，中共景德镇支部成立。

1928年秋，景德镇市中学创办。

1930年，方志敏等率红军支援工人纠察队，取得景德镇暴动胜利。景德镇苏维埃政府成立。

1931年，浮梁县立饰瓷初级职业学校成立。

1932年，景德镇至湖口公路竣工，全长126千米。

1933年，景德镇内20座瓷窑被风折毁。

1934年冬，江西陶业管理局设立于景德镇，杜重远任局长。

《陶业日报》创刊发行。

1935年，浮梁县立陶瓷科初级职业学校成立，内设成瓷、饰瓷两科。

1937年，陈毅以中共中央代表身份抵达景德镇，与国民党地方当局商洽红军游击队改编等事宜。

1938 年，浮梁汽车站设于景德镇河西（今人民公园附近）。同年 2 月，陈毅在瑶里组织红军游击队改编。改编后的新编第四军（新四军）第一支队第二团第三营 550 余人，开往安徽岩寺集中，奔赴抗日民族解放战争的前线。

1939年6月，景德镇瓷器运输处成立，以谋非常时期的瓷器运输。

1941年9月，景德镇至屯溪（今黄山市）公路正式通车。

1946年9月，景德镇至南昌公路正式开通班车。

1949年4月29日，中国人民解放军二野部队进驻景德镇。同年5月4日，景德镇市人民政府成立。

CHAPTER 2

相约瓷都

——古韵今存

一 风光绮丽的山城

景德镇不仅是一座以陶瓷历史文化蜚声中外的世界瓷都和艺术之城，也是一座风光秀美的山城。钟灵毓秀的自然风光和特色鲜明的地域文化，构成了它别具一格的旅游景观体系——红色景观、绿色景观、古色景观和特色景观。

1. 催人奋进的红色景观 >>>

景德镇是老革命根据地，红色旅游资源十分丰富。位于乐平市与弋阳县交界处的众埠镇界首村的红十军建军旧址，系全国爱国主义教育基地。旧址建筑面积近300平方米，陈列了有关照片、图文等珍贵历史资料，再现了方志敏等老一辈革命家创建红十军、保卫中央苏区的英雄事迹，是缅怀革命先烈丰功伟绩和进行爱国主义教育和革命传统的好场

瑶里改编纪念碑

陈毅旧居

所。昌江区荷塘乡政府所在地，也设有革命烈士事迹陈列室。第二次国内革命战争时期，多名农民运动首领在这里被反动派杀害，谱写了浩气长存的生命赞歌。血雨腥风年代，老一辈革命家陈毅曾在风景秀丽的瑶里领导了意义重大的新四军改编，至今仍有游客不远千里来到位于瑶里古镇的陈毅旧居，缅怀革命先辈的丰功伟绩……

2. 耐人寻味的古色景观 >>>

景德镇是举世闻名的历史文化名城，历史文化遗存十分丰富。追寻着历史车轮的印痕，徜徉于三闾庙古街，你仿佛回到了那窑火连天的岁月，听到了十里陶歌的浑厚旋律。沧溪和严台则是隐藏在浮北山区的村野明珠，闪耀着自然与人文的光芒。东埠古码头的夕晖，沉浸于往事的追忆，暮色中，

三闾庙古街

遮天蔽日的帆船载着窑柴徐徐驶来……

3. 赏心悦目的绿色景观 >>>

景德镇位于赣东北的丘陵地带，是我国保存完好的绿色走廊之一。这里属亚热带季风气候，光照充足，雨量充沛，温和湿润，四季分明，植物生长茂盛。优越的自然生态环境，造就了景德镇的秀美山川。境内生态景区数量众多，有省级森林公园、国家AAAA级旅游景区——瑶里风景区，有省级重点景区、国家AAAA级旅游景区——洪源仙境，有怪石成林的国家AAA级旅游景区——乐平怪石林景区，还有主峰高达700多米的乐平历居山。那里林高树密，空气新鲜，气候宜人，盛夏凉爽如春。此外，还有翠竹扶疏的金竹山寨，山清溪碧的杨湾，碧波荡漾的玉田湖、月亮湖、翠平湖等一批自然生态景区，令人流连忘返……

4. 举世闻名的特色景观 >>>

众所周知，景德镇是举世闻名的“瓷都”，陶瓷文化旅游

乐平怪石林景区“传道解惑”

绕南古水车

资源之丰富，举世无双。漫步在瑶里绕南古窑遗址，倾听着回荡在静谧旷野上水碓的歌声，梦中的窑变奇幻无疆；徜徉于昌南大道的文化墙下，陶瓷之路的波光会令你浮想联翩；流连于樊家井的幽深小巷，“红店”（因旧时人们称画瓷器为“画红”而得名）女子的笑靥会让你迷失方向；蹀躞于锦绣昌南的名人瓷坊，琳琅满目的精美瓷器会令你目不暇接……

景德镇，的确是你一生中值得一游的地方。

二 古韵今存的瓷乡

景德镇作为“千年瓷都”，留下了太多的历史文化遗存。这里着重介绍几处经过考古人员发掘的古遗址。

1. 涌山洞穴遗址 >>>

1962年11月，中国科学院古脊椎动物与古人类研究所对涌山（乐平与浮梁交界处）洞穴遗址进行了科学发掘，发现了大量动物化石和几件打制石器，“其中一件人工痕迹清楚”，揭示了当时在景德镇地区存在着远古人类活动的证据。

2. 蛟潭商周古文化遗址 >>>

2000年11月，省考古队对蛟潭（浮梁境内）商周古文化遗址进行抢救性发掘。发掘面积为886平方米，出土石器、陶器、玉器及各种生活遗迹，是浮梁县境内首次发现的商周遗址，填补了浮梁地区商周文化历史的空白，将景德镇地区可以确认的古人类活动的历史上溯到3500年前。

3. 湖田窑遗址 >>>

自1982年列入国家重点文物保护单位以来，湖田窑遗址先后进行了多次考古发掘。清理出宋、元时期遗迹遗物，如房屋残墙、路面、水沟、蓄泥池、炼泥池、淘洗池、轮车基座、烧泥池、灰坑、水井及排水暗沟等共11处，以及马蹄窑2座、商代灰坑1处。出土了大量青白釉、碗、盘、盏、注壶、盏托、直口罐、枕、粉盒、器盖、鸟食罐、灯盏、砚滴、象棋、围棋等，以及少量夹砂陶罐、卵白釉碗、黑釉碗、黑釉高足杯、青花瓷器等残器或残片。

4. 落桥马窑址 >>>

1981年11月至12月，景德镇市红光瓷厂院内的基建工地发现一处元代窑址，经抢救性考古发掘，清理、出土印花白瓷、青花瓷等，以青花小件为多，瓷胎略粗。上述遗物曾在东南亚地区大量出土，而其中书写“头青”“黄”“吴”“戴彩”等文字的瓷柱与青花八思巴文研钵（工匠使用之物）均为初次发现。在此出土瓷器同一地层遗物中还有一个用青料书写“辛巳”二

字的瓷片，对确定上述遗物的烧造年代极为重要。

5. 成化官窑遗址 >>>

1987年5月，在明御窑厂北端复建龙珠阁时，抢救性发掘清理出成化官窑的器物，既有脍炙人口的斗彩葡萄盏、斗彩团花鸟纹薄胎杯和底部书有“天”字款的斗彩海马盖罐，又有未见文献记载和传世的祭红白龙大碗、宝石蓝白凤大碗等，更有造型生动别致的素三彩鸭薰。此外还有青花花果纹大盖盒，白地绿彩灵芝纹三足炉，绿彩香盒以及斗彩八宝纹大碗，出戟尊、鼓钉洗均为首次发现。令人注目的是白釉脱胎小杯，胎薄如纸，厚仅0.6厘米，内壁刻有纹饰，对光映照栩栩如生，堪称一代杰作。

6. 元代官窑遗址 >>>

1988年5月，在珠山北侧斗富弄一带的明初地层下发现一批元代官窑瓷器残片，经抢救性发掘，整理、修复了青花扁圆盖盒、桶式盖盒、围棋罐等器物，纹饰有元代典型的龙凤纹以及金刚宝杵、姜芽海水、折带云等，以龙纹为最多。据考证，其龙的造型与英国大卫基金会收藏的一件有“至正十一年”纪年题记的大瓶上的龙纹一致，但大卫瓶的元青花瓷器上的龙纹均为三爪或四爪，唯独此次发现的龙纹全为双角五爪。此次发掘揭开了元官窑之谜。

7. 正统官窑遗址 >>>

1988年11月初，在景德镇御窑厂西侧基建工地发掘出明代瓷窑遗址5座，并在窑群的西侧发现一条长17米、宽2米的巷道中，其间填满了龙缸瓷片，瓷片堆积厚达1.3米。这次发掘为研

究“空白期”瓷器提供了重要的实物资料。

8. 宣德官窑遗址 >>>

1993年1月，在原御窑厂东侧进行了抢救性考古发掘，获得数以万计的宣德官窑残瓷片。经过半年的清洗、整理，复原了百余件宣德官窑器。其品种有青花茶菊纹大盖罐，造型各异的鸟食罐，10余种不同纹饰的蟋蟀罐，仿宋名窑的紫釉、黑釉和青釉碗碟，以及仿伊斯兰金银器的青花钵、水罐、扁壶等。此次修复的百件宣德官窑器中有30余件是孤品。

9. 明初官窑 >>>

1994年7月，在御窑厂遗址东门头抢救性发掘出土瓷片2.5吨，经过3个月的室内整理，修复洪武、永乐早期珍贵的官窑瓷器118件。这次出土的遗物进一步证实了明洪武二年（1369年）朱元璋已在景德镇设置官窑。此次出土的永乐青花瓷器有80%以上都能与伊朗阿德卑尔回教寺院和土耳其托普卡普·沙赖博物馆收藏的传世品相印证，证实了该类遗物是永乐大帝朱棣为了郑和第四次下西洋而生产的,也进一步说明了明初官窑不仅生产御用瓷，也大量生产外销瓷。

10. 永乐官窑遗址 >>>

1999年7月在明、清御窑厂南端西角边，发掘、出土了一批数量可观的明永乐瓷片，经过清洗、分类、整理、对合，修复了明永乐青花鸡心壶、永白釉瓷镈、青花云龙海水纹歇爵山盘、青花地刻白云龙纹梅瓶、青花凤纹梅瓶等一批永乐瓷器，其中青花地刻白云龙纹梅瓶是由328件瓷片黏合起来的。

11. 御窑遗址 >>>

御窑厂北麓窑址

2002年6月28日，由景德镇市陶瓷考古研究所、北京大学考古文博学院、江西省文物考古研究所三家联合组成的景德镇明、清官窑遗址考古队，对珠山北麓等地进行了连续3年的考古发掘。

3年以来共布探方16个，实际发掘面积达1543平方米，获得重大考古成果。发现晚清江西瓷业公司发行所建筑遗迹1处，清理明初葫芦形窑炉遗迹7座、馒头形窑炉14座。葫芦形窑炉为明洪武至永乐时期的遗存，馒头形窑炉为明宣德至万历时期的遗存。此外，还发现埋藏明永乐和宣德早期官窑落选贡品挖坑掩埋瓷器的30个小坑（窝），以及沿坡倾倒的成化、弘治时期的瓷片5处。在小坑（窝）处的出土瓷片绝大多数可以复原，其中不少品种是罕见的官窑遗物。此项考古成果被评为“2003年度全国十大考古新发现”。

12. 丽阳民窑遗址 >>>

2005年7月在昌江区丽阳乡彭家村瓷器山西坡和丽阳村碓臼山南坡，发现元代和明代早期的瓷器窑炉各1座，出土了大量宋、元、明时期的瓷器残片以及装在匣钵内完整而未烧熟的瓷坯。经专家分析，丽阳葫芦窑有别于其他葫芦窑，是由葫芦窑

向镇窑过渡时期的窑址。此窑址的发掘，除了丰富民窑窑炉形制之外，对于研究窑炉历史也具有重要意义。

13. 铜锣山、道塘里、凤凰山古窑址 >>>

为了配合景德镇环城高速公路的基本建设，2006年2月至10月，考古人员对铜锣山、道塘里和凤凰山等3处宋代古窑址进行了抢救性考古发掘。共发掘龙窑遗址3座、制瓷作坊遗址4处、练泥池1个，出土一批青釉、酱（黑）釉、影青瓷器和窑具标本。影青瓷器和匣钵窑具占出土文物的绝大部分，可复原的器物达数百件。

14. 观音阁窑址 >>>

2007年9月25日至12月30日，北京大学文博学院、江西省文物考古研究所、景德镇陶瓷考古研究所组成联合考古队，对景德镇老城区北端的观音阁明代瓷窑址进行了为期3个多月的发掘，发掘面积达600余平方米，发现一批明代作坊遗迹、制作工具，出土明代中后期重要瓷器标本数万件。这批遗迹遗物的发掘，对研究景德镇明代制瓷形态和陶瓷作坊内部的具体分工形式、17世纪景德镇转变期瓷器和外销瓷烧造情况提供了科学资料。

三 人杰地灵的沃土

景德镇作为“千年瓷都”，不仅创造出无数的精美瓷器，伴随着瓷业的不断发展，还产生了众多的杰出人物。这里从“历代陶业名人”“珠山八友”“近当代大师”三个方面逐一作

介绍。

（一）历代陶业名人

1. 赵慨

赵慨，又名万硕，字叔朋，生活于西晋永宁至东晋隆和年间。他自幼聪慧，学而不忘。东晋时被举为官，由于政绩显著，升至五品，先后在今之福建、浙江、江西任职。他秉性耿直，疾恶如仇，体恤民间疾苦，因而受到奸臣迫害，屡被贬谪。他不堪忍受官场黑暗，便弃职隐退，来到新平镇。到镇后，他将浙江越窑制瓷技艺与新平制瓷技艺相结合，在配方、制作、烧制等方面进行了改革，使制瓷技艺大大提高，产品质量也提高了，整个瓷业生产得到快速发展。在景德镇制瓷历史上，赵慨功不可没。

2. 陶玉

陶玉，生卒年不详，江西浮梁人。他在唐武德年间将自己所烧造的瓷器载入关中，到唐代京都长安出售。由于瓷器质量好，不仅为市场购买者所钟爱，而且惊动了皇宫，朝廷命他烧制瓷器贡献宫廷，作为皇家御用之物，因为瓷器秀美如玉，以至被称为“假玉器”。

3. 昊十九

昊十九，生于明嘉靖前期，卒于万历后期，江西浮梁人。本姓吴，名吴为，别号“十九”，自号“壶隐道人”。他出身于数代以制瓷为业的家庭，家境清寒，隐居作陶，淡泊名利，聪颖博学，工诗善画。他毕生致力于制瓷事业，所制薄胎精

瓷，精美绝伦，极负盛名，人称“壶公窑”。

4. 周丹泉

周丹泉，生卒年不详，名时臣，字时道，号“青干居士”。他于明朝隆庆、万历年间在景德镇烧瓷，为当时制瓷名手。他所制的仿古瓷往往达到以假乱真的程度。

5. 童宾

童宾（1567—1599年），字定新，江西浮梁人。他幼年读书，秉性刚直，因父母早丧，遂投师学艺，执役窑业。万历二十七年（1599年），太监潘相任江西矿使兼理景德镇窑务，督造大器青龙缸，久不成功。潘相便对窑户进行“例外苛索”，派役于民并对瓷工进行鞭笞甚至捕杀。瓷工衣食不得温饱，还要受到迫害，处境十分凄惨。童宾目睹同役瓷工的苦况，非常愤慨，竟以自己身体为烧瓷的窑柴，纵身火内以示抗议。据说次日开窑一看，所烧炼的龙缸果然成功了。童宾之死，激起了工匠们的义愤，全镇人民暴动，焚烧税署和官窑厂房，潘相只身逃走。事后，官府为了缓和人心，在瓷工和镇民的强烈要求下，不得不为童宾在御器厂的东侧立祠，并号之为“风火仙”，祠名“佑陶灵祠”。至今此地尚保留有当年清代督陶官唐英手书的“佑陶灵祠”瓷制匾额。祠内供奉童宾的坐像，即风火仙师像，并定期举行迎神盛会。这种迎神会既庄重，又热闹，成为当时全镇陶人的盛典。唐英为此写有《火神传》《龙缸记》，另一个督陶官年希尧也写有《重修风火神庙碑记》。这些关于童宾事迹的记载，至今仍存于地方文献中。

6. 臧应选 >>>

臧应选，生卒年不详，江西南昌人。清康熙十九年至康熙二十七年（1680—1688年），朝廷派其驻景德镇御窑厂督造御器，由其负责督造的瓷器“土埴腻质莹薄，诸色兼备”，因此这个时期的官窑被称为“臧窑”。

7. 郎廷极 >>>

郎廷极（1663—1715年），字紫衡，一字紫垣，号北轩，辽宁北镇人，隶属汉军镶黄旗。清康熙年间以门荫授江宁府同知，迁云南顺宁知府，累擢江西巡抚，督造官窑瓷器，世称“郎窑”。

8. 唐英 >>>

唐英（1682—1756年），字俊公，又字叔子，晚号“蜗寄老人”。辽宁沈阳人，隶属汉军正白旗。清代陶瓷艺术家。能文善画，兼书法篆刻且又精通制瓷。1728年他奉命兼任景德镇督陶官，先后在职将近30年，为雍正和乾隆两朝皇帝烧制瓷器。由于他潜心钻研陶务，并且身体力行，从而积累了丰富的制瓷经验。由他主持烧制的瓷器无不精美，深受两朝皇帝的赏识，因此，乾隆年间的官窑也被人们称为“唐窑”。在景德镇期间，他还编撰了《陶成纪事》和《陶冶图说》。

9. 杜重远 >>>

杜重远（1898—1943年），吉林怀德人。早年留学日本。1923年回国后在沈阳开设肇庆窑业公司，曾任辽宁商务总会会长。“九一八”事变后，他积极投入抗日救亡运动中，后又投

身实业救国，1934年曾任江西陶业管理局局长，为景德镇瓷业生产做出了卓越贡献。

（二）“珠山八友”

“珠山八友”，就是御窑厂停烧以后流落到民间的粉彩和瓷版画高手。这里的“八友”分别是：王琦、王大凡、汪野亭、邓碧珊、毕伯涛、何许人、程意亭、刘雨岑。这些人中除江西人外，王大凡、何许人和1904年出生的“八友”中最年轻的刘雨岑分别是徽州黟县、徽州歙县和安徽太平（今黄山市黄山区）人。再算上徐仲南、田鹤仙，“珠山八友”实则是10个人，这并不前后矛盾。正如“江西诗派”也并不全是“江西人”一样，“以味不以形也”。“珠山八友”也可以是指一个画家群体，在绘画上他们追求清代中期“扬州八怪”的风骨。他们相约每逢月圆之日相聚切磋画艺，这便是景德镇制瓷史上著名的“月圆会”。

1. 王琦 >>>

王琦（1884—1934年），号碧珍，别号“陶迷散人”，祖籍安徽，生于江西新建。民国时期景德镇瓷绘名家。他于1901年来景德镇后，向邓碧珊学习陶瓷绘画艺术和人像绘画艺术，后又学习钱慧安（一说黄慎）的绘画艺术。因其扎实的绘画功力和绝佳的绘画悟性而崭露头角，浮梁知事陈安曾赠予他“神乎技艺”一匾以示褒扬。他在汪晓棠和潘匋宇等人的影响下，先与王大凡等人发起并组织“景德镇陶瓷研究社”，后又于1928年与王大凡等人组成艺术团体“月圆会”，以瓷会友、以瓷研艺，是“珠山八友”的领军人物。

“珠山八友”作品一

“珠山八友”作品二

2. 王大凡 >>>

王大凡（1888—1961年），名堃，号“希平居士”，又号“黟山樵子”，斋名“希平草庐”。祖籍山西太原，祖上因避战乱，后移居安徽省黟县，其本人出生于江西鄱阳。早年在“红店”学艺时，他结识了19世纪末20世纪初“瓷上文人画”的代表人物汪晓棠，并以之为师。经过多年的学习与探索，他的陶瓷艺术完成了从古彩、图案到传统文人画的转型。他研究发明的“落地粉彩”绘瓷技法，带来了对陶瓷颜料运用的革故鼎新，使中国画的风格和技巧在陶瓷上的运用游刃有余；他致力于“陶瓷文人画”艺术的开拓，深化了陶瓷艺术的表现空间，为景德镇陶瓷装饰艺术树立了又一座里程碑。

3. 何许人 >>>

何许人（1882—1940年），原名处，字德达，乳名花子，后改为华滋，安徽省南陵县人。依据陶渊明《五柳先生传》中“先生不知何许人也”一句，更名为何许人，为景德镇“珠山八友”之一。在清末民初景德镇瓷画名家中，何许人是具有深

"珠山八友"作品

远影响的一位。他辛勤耕耘，终其一生探索瓷上雪景山水画技法，独树一帜，逐渐发展为具有景德镇特色的瓷绘体系，影响了一代又一代的瓷画名家。

4. 汪野亭 >>>

汪野亭（1884—1942年），名平，字鉴，号"平山""平生""老平""垂钓子"，亦号"传芳居士""平山草堂主人"，斋名"平山草堂"，是景德镇"珠山八友"之一，善画花鸟、山水。在绘瓷技法上，采用油料，以水粉敷色，作品别具一格，是20世纪前期景德镇革故鼎新的著名陶瓷艺术家。他的瓷上山水画一直为后人所仰重、仿效，足足影响了半个多世纪。

5. 徐仲南 >>>

徐仲南（1872—1953年），名陔，字仲南，自号“竹里老人”，斋名“栖碧山馆”。江西南昌人，景德镇“珠山八友”之一。他自幼家境贫寒，仅读了几年私塾，便到南昌一家“红店”当学徒，出师后在南昌受雇画瓷。由于他勤学苦练，日积月累，画技也有了长足的进步。为了更好地研习瓷画技艺，他毅然来到全国的陶艺创作中心景德镇，从此他的瓷画技艺产生了一个新的飞跃，从一名红店学徒一步一步登入艺术殿堂，成为一代陶瓷美术名家，其艺术成就为世人所瞩目。

6. 田鹤仙 >>>

田鹤仙（1894—1952年），名青，原名田世青，字鹤仙，号“梅华主人”“荒园老梅”，景德镇“珠山八友”之一。少年时寄居江西抚州岳父家，民国初年曾任景德镇税务局职员，后任江西省瓷业公司夜校教员，这才加入绘瓷行列。他先攻山水画，后改画梅花。他具有较高的文化修养和扎实的绘画基本功，以瓷上画梅独领风骚。“珠山八友”发起人王大凡赠其“山水清辉成一格，梅花作出更无双”的赞誉。邓白先生在《中国现代美术全集·陶瓷卷》中还专门介绍了田鹤仙的《粉彩梅花纹文具》及《粉彩红梅纹灯笼瓶》，称之为“20世纪30年代的精美之作”。

7. 邓碧珊 >>>

邓碧珊（1874—1930年），江西余干人，字辟寰，号“铁肩子”，景德镇“珠山八友”之一。邓碧珊是清末秀才，科举废除后，在家乡从事教学，后来到景德镇瓷业学堂任教习，一面代人书写瓷字，一面攻习鱼藻画技。他虽为秀才出身，受业于传统儒学，但他思想活跃，很能接受新生事物，具有创新精神。他不仅首开瓷板肖像画之先河，还不囿于传统，大胆借鉴、吸收日本东洋画技法进行创作，这在当时的陶瓷美术界可谓是独辟蹊径。

8. 毕伯涛 >>>

毕伯涛（1886—1961年），名达，字伯涛，号“黄山樵子”，祖籍安徽省歙县，寄居江西省鄱阳县，是景德镇“珠山八友”之一。早年曾师从鄱阳画家张云山学习纸画，定居景德镇后专攻陶瓷粉彩，擅长画翎毛、花卉，后研习新罗山人一派画风，作品极富生活气息且标新立异，神形兼备，他是一代花鸟瓷画大师。

9. 程意亭 >>>

程意亭（1895—1948年），原名程体乎，别名甫，艺名“翥山樵子”“洎山山民”，江西乐平人，是“珠山八友”早期成员之一。程意亭的陶瓷花鸟绘画，既吸收了中国画的传统技法，又因其在生活中悉心观察季花、候鸟，笔法上多兼工带写，以质朴、沉郁、苍劲之画风蜚声画坛，对后世产生了广泛的影响。

10. 刘雨岑 >>>

刘雨岑（1904—1969年），原名玉成，后改雨岑、雨城，别号“澹湖鱼”“巧翁”“竹人”，室名“饮冰斋”“觉庵”。安徽太平人，景德镇“珠山八友”之一。中国美术家协会会员、中国美协江西分会副主席、景德镇陶瓷美协主席。擅长陶瓷粉彩花鸟。著名戏剧大师田汉曾写诗赞誉刘雨岑先生的艺术成就："南枝如雪馥雄关，又在先生笔底看。何止珠山留劲腕，早传春色满人间。"

（三）近当代大师

1. 金品卿 >>>

金品卿，生卒年不详，名诰，字品卿，号"寒峰山人"，又号"黟山樵子"，斋名"环翠亭"，安徽省黟县人。他是晚清极为优秀的绘瓷名家，活跃于清同治元年到光绪三十四年间（1862—1908年），供职于景德镇御窑厂，是光绪初年景德镇画瓷先驱之一。

2. 程门 >>>

程门（1833—1908年前），原名增培，字松生，号雪笠、笠道人，安徽黟县人，长期致力于陶瓷浅绛彩绘艺术创作与研究，咸丰、同治年间名噪大江南北。他将中国书画艺术的"三绝"——诗、书、画，在瓷器上融为一体，使瓷画与传统中国画相结合，创造出瓷画的全新面貌。程门的存世作品颇多，现国内大型博物馆及文物店多有收藏。

3. 潘陶宇 >>>

潘陶宇（1887—1926年），名鼎钧，字陶宇，号"詹湖外史"，室名"古欢斋"，江西鄱阳人。清末民初的绘瓷名家。曾任江西省甲种工业窑业学校图画教师。擅长陶瓷粉彩，无论是人物、山水，还是花鸟，均甚精湛，笔法清新奇丽。其陶艺作品曾参加美国芝加哥、费城博览会并获优胜奖，为国家、为景德镇赢得了国际声誉。

4. 王步 >>>

“珠山八友”作品

王步（1898—1968年），字仁元，号竹溪，晚年所作青花瓷及中国画常署“陶青老人”名，江西丰城人。陶瓷美术家。从1907年来到景德镇从事陶瓷美术工作长达60余年，生平创作釉下、釉上、堆雕、刻花瓷器数以万计，尤精于画青花，被陶艺界誉为“青花大王”。

5. 胡献雅 >>>

胡献雅（1902—1996年），字正民，江西南昌人，景德镇陶瓷学院美术系教授、中国文联委员、中国美术家协会理事、江西省文联副主席、江西省美术家协会主席、江西省文史研究馆名誉馆长。胡献雅先生具有深厚的文学艺术修养，其绘画追崇八大山人，削尽冗繁，返璞归真；其书法取法怀素，上追二王，笔势劲健，气韵沉雄；其诗词优美典雅，意境深远。曾被日本美术界誉为“当代八大山人”“大写意流派巨匠”。

6. 毕渊明 >>>

毕渊明（1907—1991年），别号“至乐老人”，安徽黟县人。陶瓷美术家、中国书法家协会会员、中国美术家协会会员、江西省文联委员、江西省美协顾问、景德镇书画院顾问。

他擅长陶瓷粉彩翎毛、山水、人物、走兽，尤精于画虎，有“毕老虎”之雅号。

7. 王锡良

王锡良（1922— ），原籍安徽省黟县，出生于景德镇。他幼年家境贫寒，12岁辍学随叔父王大凡（“珠山八友”之一，景德镇陶瓷美术名家）学绘瓷画。新中国成立后，他长期在轻工业部陶瓷工业科学研究所从事陶瓷美术创作、研究。作为陶瓷美术家、景德镇市首位获“中国工艺美术大师”称号者、享受国务院颁发的“政府特殊津贴”专家、中国美术家协会会员和景德镇书画院院长，王锡良是当今享有盛誉的陶艺泰斗。

8. 王隆夫

王隆夫（1931— ），别号“昌南子”，江西浮梁人，出身于陶瓷世家。祖父王昌彬曾任晚清御窑总办。中国工艺美术大师、中国美术家协会会员、景德画院院长。他擅长粉彩古代人物画，兼画山水、花鸟，其作品曾多次在美国、日本、泰国、印尼等国家与地区展出，并屡次获得国家级金奖，业绩载入《中国美术家人名辞典》《中国当代工艺美术家名人辞典》等文献。

9. 周国桢

周国桢（1931— ），湖南安仁人。景德镇陶瓷学院艺术系教授、硕士研究生导师，中国美协理事，中国工艺美术学会雕塑专业委员会顾问，中国美协江西分会副主席，江西雕塑协会会长，景德镇市美协名誉主席，高岭陶艺学会理事长，中国工艺美术大师评委，中国陶瓷设计艺术大师评委，享受国务院特殊津贴的专家。曾被英、美等国多家国际名人中心列为“世界名人”，1992年被英国剑桥世界名人中心授予“世纪勋章”。

10. 张松茂 >>>

张松茂（1934— ），江西鄱阳人，号“芝山松茂”，室名“雅月斋”。于1954年进入轻工业部陶瓷研究所，从事陶瓷美术研究设计，是中国工艺美术大师、享受国务院特殊津贴的专家、中国美术家协会会员、中国陶瓷美术学会理事、景德镇市文学艺术界联合会副主席。他擅长陶瓷粉彩人物、山水、花鸟和雪景。曾应邀赴美国、日本、新加坡、马来西亚、韩国等国家和地区举办作品展览和进行艺术交流、访问。业绩载入《当代国画家辞典》《中国当代陶瓷美术家辞典》《世界美术家传》《世界名人录》等文献。

11. 陆如 >>>

陆如（1936— ），字淘人，室名“淘乐斋”，江西丰城人。中国陶瓷艺术大师、中国工艺美术学会高级会员、中国美术家协会江西分会会员、景德镇高等专科学校艺术系教授、景德画院副院长。他靠自身长期刻苦的钻研，打下了扎实的基本功，多年来致力于深入探讨釉上彩、釉下彩多门类的陶瓷艺术装饰手法，并致力于融国画传统技法于陶瓷绘画中，努力拓展和丰富陶瓷装饰领域，逐步形成自己独特的艺术风格。业绩载入《世界名人录》《当代书画篆刻家辞典》《瓷都艺星》《中国景德镇陶瓷名家精品选》《中国景德镇艺术陶瓷精品鉴赏》等文献中。

12. 刘远长 >>>

刘远长（1939—），江西吉安人。中国工艺美术大师、享受国务院特殊津贴的专家、中国美术家协会江西分会会员、景德镇雕塑研究会秘书长，曾担任景德镇雕塑瓷厂厂长。他功力扎实，对艺术有良好的悟性，能取传统技艺之功，融现代画理之妙，擅长陶瓷雕塑，兼长城雕、泥塑，作品注重从生活中提炼题材，表现形式集塑、刻、捏、镂于一体，构思严谨，寓情于理，章法洗练，形式多样，在国内外陶艺界有广泛的影响力。

13. 熊汉中 >>>

熊汉中（1938—），江西丰城人。中国陶瓷艺术大师、中国书画家一级画师、江西省工艺美术大师、享受国务院特殊津贴的专家。擅长国画及陶瓷青花综合装饰与釉上彩，曾赴美国、泰国等国家和地区考察、交流，并举办陶瓷书画作品展览，其作品多次参与全国陶瓷美术展评并获奖。

CHAPTER 3

穿越瓷都

——流连忘返

通过对前面两个章节的阅读，相信您已经从时空上对景德镇有了一个整体的了解。现在，我们将带领您穿越瓷都的乡村田野、城镇街区，实实在在地领略景德镇的厚重历史和绮丽风光。

一 “瓷源”浮梁

（一）高岭瑶里风景区

瑶里风景名胜区（国家AAAA级旅游景区）位于景德镇以东45千米处，瑶里境内旅游资源十分丰富，素有“瓷之源、茶之乡、林之海”的美称。瑶里，古名“窑里”，远在唐代中叶，这里就有生产陶瓷的手工业作坊，因瓷窑出名而得名。直到20世纪初瓷窑外迁，“窑里”才改名为瑶里。1994年8月24日撤乡置镇，即今日的瑶里镇。景区总面积为192平方千米，分为6个景区，自西向东依次为高岭土矿遗址园区、东埠古街 、瓷茶古镇游览区、绕南陶瓷主题园区、梅岭休闲度假区和汪湖生态游览区。

1. 高岭土矿遗址园区 >>>

高岭遗址是全国重点文物保护单位和江西省级风景名胜区，总面积为19.68平方千米。它是高岭土采矿遗址园区的核心区，距东埠古街有4千米的路程。

高岭山瓷业圣土碑

元代以前，景德镇瓷器制胎用的原料是单一的瓷石。五代十国到北宋，景德镇瓷器用上层瓷石制胎，制造了大量精美的瓷器。然而经过200多年的开采，上层瓷石日渐枯竭，到了南宋，景德镇制瓷业面临全面的原料危机。而在东埠高岭山发现的高岭土解决了制瓷原料的问题。

高岭接夫亭

高岭土被引入瓷胎具有四大意义：一是提高了瓷胎的耐火度；二是由于高岭土在瓷胎中起到“骨料”的作用，因而减少了制品变形，从而提高了瓷器的成品率；三是降低了瓷器成本。高岭土为土质原料，开采便利且无须粉碎，故而降低了成本；四是改善了瓷器的物理性能，使景德镇瓷器从此开始由低火度的软质瓷逐渐变成高火度的硬质瓷，完成了中国陶瓷史上一次巨大的质的飞跃。

一座高岭山，供给了“瓷都”润白质坚的高岭土，造就了景德镇瓷器“白如玉、明如镜、薄如纸、声如磬”的独特风格，令全世界为之景仰！

2001年7月，高岭古矿区被列为国家重点文物保护单位，同年又与瑶里风景区一起被江西省政府评为省级风景名胜区。如今在高岭，虽然早已看不到当年矿工们奋臂挥锄、艰辛掘土的劳动场面，也听不到锄镐击石发出的铿锵之声，但是，造物主却赐予了这里美丽的自然风光和独特的人文景观。那漫山遗存

的古矿洞、尾沙堆、淘洗坑，古老清幽的聚秀桥，姿态万千的龙口瀑布，山间古道上的接夫亭等景物，都能引人发思古之幽情，被许多游客称为“朝圣之旅”。

2. 东埠古街

东埠是高岭山下一个小村庄，面积只有15.6平方千米，昌江源头之一的东河从村中流过，明代时这里是高岭土的集散地，商业繁荣兴盛，渐渐形成了一条商业街，成为码头集镇，因此改名东埠，意思是东河岸边的码头。

东埠古街的东西两边原先各有一个码头，如今只有东边这个码头还保存完好。当年大量的高岭土、釉果、窑柴、粮油等原料物资，从这里源源不断地被运往景德镇。随后船只又从景德镇将盐、布匹、百货等物资运回这里，然后销往广大农村。随着运输业的繁荣发展，码头沿岸陆续建起了店铺、客栈、饭馆等商业网点。

东埠古街

古街的青石板路面中间有一条深深的凹痕，这是古代运货的独轮车来往经过时压出的车辙，它印证了东埠古街昔日的繁华。有诗为证：“东江神女东埠街，吊脚木楼沿江排；商船载运高岭土，舟帆日日蔽江来。木楼底下龙眼开，商家窥准双埠台；三米街铺石板路，四里古市两岸摆。幽幽长街片片店，滚滚财源悠悠晖；木楼望星谈高岭，徽商劲旅慕名来。”

东埠古街分为上街头、中街头和下街头，新中国成立前都有很多店铺，如今保存完好的有上街头和中街头。明清时期，中街头有药店、布店、鞋店、豆腐店、猪肉店、糕点店、理发店、杂货店、饮食店等几十家店铺。鳞次栉比的店铺排列在3米余宽的街面两旁，街道由青石板和麻石铺成。每间店铺都有前后两个门，间间相连，前门正对着街面，后门房屋以吊脚楼建造，正对着碧波荡漾的东河。

上街头只有半边街，所谓半边街，意思是这里的街只有一边店铺。每个店铺前都有方便过往客商避雨的廊亭。值得一提的是，这条街的东头矗立着一块清朝乾隆年间的禁令碑，碑文的主要意思是告诫所有船户，装运高岭土必须听从商家的调遣，不得欺行霸市，排挤其他船户的公平竞争，扰乱市场经济

东埠码头

秩序，若有违令者，立即将其披枷戴锁，罚站河边示众。正因为有着严明的法令约束，东埠古街的运输贸易才得以蓬勃发展，并且在明清两代直至新中国成立前的三四百年时间里，一度成为景德镇东部地区最为繁华的商业中心。

3. 瑶里瓷茶古镇 >>>

瑶里古镇，它既是当地政府所在地，又是整个瑶里风景名胜区的接待服务中心区。之所以把瑶里称为瓷茶古镇，是因为瑶里在古代既是景德镇陶瓷原料的重要产地和颇具规模的陶瓷生产地，又是浮梁茶叶的主产地之一。

进入瑶里古镇，首先映入眼帘的就是清澈见底、穿镇而过的瑶河，两岸明清商业街的古建筑参差矗立，与古樟下横跨瑶河的板凳桥交相辉映。这条明清商业街是徽饶古商道最为繁华的商业街之一，全长1000多米。整条街共有上百幢店铺，鳞次栉比地分布在街道两旁，大部分保存完好。窑里曾有民谣这样描述这条街：“上街头，下街头，街长不

瑶里古镇

明清商业街

见头；丝绸缎，糖醋油，店面八百九”，生动地再现了唐诗中“浮梁歙州，万国来求”的盛世景象。

程氏宗祠内景

街道两旁的古建筑都有各自的历史故事。

程氏宗祠背靠气势雄伟的狮山，前临清澈秀丽的瑶河，遥看峰奇峦秀的瑶岭。它始建于明代中叶，清代道光年间重新整修过。它的大门砖石，模仿牌楼的形式贴砌在祠堂正面的墙上，牌楼的梁与柱紧贴墙面，而牌楼顶部却出了墙头高高而立，所有梁、柱都是由青石构筑而成，梁与柱的结合部都有精美的砖雕和石雕，使楼门在雄伟庄严之中又显得美轮美奂。为体现祠堂的规模，大门为四柱三开间，上面有四座屋顶，即三间四柱四楼式的砖雕石砌贴壁牌楼门，尽显出气势的恢宏。在大门上有“惇睦”“程氏宗祠”六个大字，笔法十分雄健有力，每个字都雕刻在青石板上。

程家宗祠有两个非常独特的地方，一是纵深长、空间大。祠堂为大三进，宽12米，纵深达33米，总面积近400平方米；二是祠堂的形状不规则，整个祠堂并不在笔直的中轴线上，而是分成四个方向转折。

1938年2月，陈毅来到瑶里亲自指导红军游击队改编为新四军，当时曾在这里召开过抗日动员大会，有数百人到会参加。会上，陈毅还与他在国民党的胞兄陈孟熙上校握手言和，

陈毅旧居内景

并且说：“我与哥哥，一个是共产党，一个是国民党，过去打了多年的仗，俗话说‘家不和外人欺’，现在日本鬼子打我们，因此，兄弟之间要团结，国共两党之间也要殊途同归，共同抗日，枪口一致对外。”这次动员大会上陈毅兄弟俩握手言和的故事，成为历史上的一段佳话。

“狮冈胜览”则是有点“另类”的古建筑，它在外形上属于比较典型的欧洲巴洛克式的建筑。原屋主名叫吴佣舟，是一名因经营茶叶、釉果生意发了财，当过乡长的官商，并且出过国、留过洋，深受西方建筑文化的影响，所以，建了这样一座中西合璧的建筑。这幢建筑上有很多非常生动的雕塑，如双狮戏球、麒麟、飞龙等。它还用了很有动感的柱式构图，形成了比较典型的巴洛克式的建筑风格。另外，整个建筑的立面处理得相当精彩，其手法主要通过窗、阳台、女儿墙及穹顶等元素体现出来，反映出较强的艺术性。尤其是方角窗与小弧形窗檐造型形成美妙的韵律感。从对面的狮山观看这个建筑，非常雄伟壮观，成为狮山的盛景。另外，站在楼上的阳台上品茗观景，瑶河风光一览无余，故而取名“狮冈胜览”。

瑶里古建筑“进士第”

另外，“大夫第”“进士第”“适可屋”等，或彰显其家族曾官至“大夫”，或炫耀其祖先曾科考及第，或表明其隐居山林之心境。一屋一景，一室一情，林林总总，行至自明。

4. 绕南陶瓷主题园区 >>>

绕南是个村庄，因东河从其南面环绕村庄蜿蜒流过，所以取名绕南。在这里可以看到最古老的釉果手工制作工艺和古水

绕南秋韵

碓、古陶瓷作坊、南宋龙窑遗址等古代遗迹。

顺着东河向下游走去，一座古水碓作坊矗立在河边。东河是景德镇母亲河昌江的源头之一，自东向西贯穿瑶里全境，其支流众多，水流湍急。瑶里人充分利用天然的水流落差动力，在这些支流上安装水碓，用以粉碎瓷石，制作釉果。每当春夏水发季节，东河支流沿河两岸便是车轮旋转，水碓翻腾，数里相接，响声隆隆，形成了“重重水碓夹江开，未雨殷传数里雷”的壮观场面。

这座古水碓，始建于宋代，它是目前瑶里境内保存最完好、使用时间最长的一座水碓，是研究瓷石加工工艺的活标本。

古水碓作坊对面是古釉果作坊，这里面有四个长方形的池子，分别是淘洗池、沉淀池、稠化池和泥床。瓷石经过水碓舂细后，移入淘洗池中淘洗。其中颗粒较粗和重量较大的迅速沉到池底，而细粉状的则悬浮于水中。待充分沉淀后，再将浓缩的稠浆舀入泥床。待泥床里的泥干到一定程度时，用脚踩泥，排除泥料中的空气，同时进一步使泥料中的水分分布均匀。踩完泥，用弯弓将其锯成块状，再放入木模内印制成形似砖状的泥块，然后放在通风架上阴干，每块釉果重约2公斤。制好的釉果通过东河的船只运到景德镇，供瓷厂制瓷配釉所用。现在，古老的釉果舂碓淘洗工艺在现代瓷厂早已被球磨机、压滤机、

绕南古水碓作坊

绕南龙窑

真空练泥机等现代化机械设备所替代，但在很多高档艺术瓷、仿古瓷的制作过程中，景德镇人还是利用水碓加工的原料，以保证它们的质量。

通过板凳桥到达东河对岸，远远就可以看见一座古代龙窑遗址。这座龙窑始烧于南宋后期，于明代中叶废弃，是瑶里境内已发现的烧造年代最长的瓷窑。龙窑依山坡顺势向上建筑，与地平线构成10—20度角，宛如一条火龙自上而下呼啸而来，所以被称为龙窑。龙窑分窑头、窑床、窑尾三部分，最低的一端（即山下）为火膛，为窑头，最高的一端（即山上）开排烟孔，为窑尾。龙窑的优点是热效率高、节省燃料、生产周期短、产量大、烧制成本低、建造费用低廉。其缺点是装窑与出窑的劳动强度大、窑内升温和降温快、不易保温，因此成品品质比较差。

5. 梅岭休闲度假风景区 >>>

梅岭距瑶里7千米，过去一直是赣皖边界的集镇。梅岭古民居共有100多栋，保存得非常完好，大多为清代所建，但也有少量明代建筑。梅岭风景区位于百岭松涛山脚，村口有9棵古樟，排列在村水口处，苍劲挺拔，树龄均有500年以上，最粗的树胸径达7.32米，高达14米，树龄已有1000年以上。此9株古木生长于一船型土坛上，宛若帆桅。在水口处还建有一座桥，以锁住水与财，充分体现了徽州水口园林特色。

梅岭鸟瞰图

梅岭村内建有号称“江南第一祠”的张氏宗祠，始建于唐末，元末焚于战火，现存宗祠兴建于明初。宗祠气势恢宏，拥有三堂两天井，占地1999平方米，建筑面积达3000多平方米，该祠砖、木、石雕十分精细。

关于张氏宗祠的来历有一个这样的故事，相传当年朱元璋在鄱阳湖被陈友谅打败后，曾在瑶里梅岭作短时休整，等待东山再起。朱家军虽为溃败之军，但纪律严明，当地百姓纷纷捐钱犒劳朱家军。梅岭许多青壮年纷纷参加朱家军。朱元璋在梅岭休整和招兵买马后，转战南北，发展壮大，终于打败了包括陈友谅在内的诸路王侯，成为明朝的开国皇帝。当上皇帝后，朱元璋回想起当年梅岭百姓对自己的帮助，当得知梅岭张氏宗祠被陈友谅焚毁后，钦准以王侯标准重建梅岭张氏宗。因此，梅岭张氏宗祠也被后人誉为“江南第一祠”。

梅岭山庄夜景

梅岭村对面便是度假村，是集旅游观光、休闲度假、娱乐餐饮为一体的庄园。休闲度假区典雅的酒店蜿蜒于溪流边上，让您能枕着泉水眠，听着鸟鸣醒，肺腑舒畅，梦也香甜。

6. 汪胡生态游览区 >>>

汪胡风景区距瑶里古镇13千米，海拔为700多米。境内群峰环伺，古木参天，翠竹林海，峡谷瀑布，令人赏心悦目。

汪胡的原始森林给人春华秋实、冬暖夏凉的感觉。这里气候湿润，植被完整。从阔叶林到针叶林，从藤蔓乔木到花草矮林，色彩斑斓、层次分明。其中有国家一级保护植物南方红豆杉350株，最大胸径可达128厘米；榧树100余株，胸径在30厘米以上；银杏树多株，胸径达190厘米，树龄超过千年。

原始森林背后有一条神奇的峡谷——天河谷。她集山、水、岩景为一体，聚险、奇、峻、秀于一身。天河谷第一景被称为“盘古开天”，相传盘古开天辟地时，最后一斧就劈在此地，从而形成了天河谷那险、奇、峻、秀的景观。那谷底凸起的巨石，被劈成两半，虽历经沧桑，但石缝中竟长出了两棵苍劲的古树，依然苍翠挺拔。顺峡谷而上，“日月潭”便呈现在面

汪胡原始森林

前。“日月潭”由日潭和月潭组成。日潭小巧玲珑，月潭惟妙惟肖，浑然天成，鬼斧神工，造物者之神奇，令人惊叹。

在峡谷中段，游步道的对面建有一茶楼，人称“陶然茶楼”，茶楼取材全部是木材和当地的毛竹，古色古香，坐在天然的圆木椅上，听着竹林、松林、溪水交融的乐章，品一杯瑶里高山茶，真是人生莫大的享受。

天河谷上段可以看到由几个小瀑布组成的瀑布群，瀑布群流水并不急，若静坐于此，真可品味到“大风大浪后的宁静，尽显繁华后的朴实，历经风雨后的从容”，悟出人生的真谛。

南山瀑布位于汪胡的高际山下，主要由主瀑、石花瀑、飞龙瀑、飘锦瀑组成。瀑布群全长400余米，总落差为220米，内有缓坡、断岩，山体岩石通体光滑完整，四周毛竹密集，奇石众多。其主瀑布南山瀑布宽为20多米，落差为100多米，洪水季节，只见飞流直下，声震山野，数里之外可闻其声，泻入潭

汪胡原始森林栈道

南山瀑布

中浪花四溅，如浮云堆雪，白雾弥漫。南宋诗人杨万里在游南山瀑布时，也曾被这里的景色所陶醉，诗兴大发，写下了这首《南山瀑布》：

南山迢递敛朝烟，百尺飞流挂瀑泉。涧吼崖嘶风雨骤，天空月朗斗中连。斜阳景射虹垂地，霜气横秋剑倚天，何日芒鞋穿鸟遭，探源直上白云顶。

在汪湖有一座高山，叫作五华山（又称五股尖），是赣东北地区最高峰，海拔为1618.4米，即杨万里诗中“探源直上白云顶”的“白云顶”。此山常年云雾缭绕，景色瑰丽。山腰处的高际山遗存了南山庵堂、高际禅林寺等旧址。“高际寺”始建于北魏年间。据史料记载，从东汉末年佛教传入中国到晚清时期，浮梁境内所建的寺观达500多所，仅隋唐五代兴建的寺院就有16个，面积在500平方米以上的寺庙，在当时整个江西只有三座，高际寺是其中一座。许多著名禅宗大师，特别垂情于钟灵毓秀的瑶里山水，高际寺留下了他们的足迹。相传杨万里第一次来瑶里时，就登上了高际寺，而且亲手题了“高际禅林”4个大字，历经八九百年风雨仍留存至今。登上五华山，只见雾气蒸腾，远水近树时隐时现，恍若身临太虚仙境，体会到“琼楼玉宇，高处不胜寒”的意境。在此看日出，也是一大享受，每当晴日黎明之际，烟云缭绕的群山在霞光万丈的朝阳下折射出奇观异彩，十分壮观。

在这高山峡谷之中，有一条徽州古道，它是古代徽州通往饶州的交通要道，昔日徽商享誉大江南北，徽州古道功不可没。这条古道从梅岭村前的河对岸一直通向安徽休宁、屯溪，连接皖赣两省，在江西境内全长10千米。徽州古道梅岭段是最具观赏价值的徽州古道了，它有3000多个台阶，宽1至2米，全部由麻石铺成，铺得略微倾斜，是为了防止道路雨天积水。踏

【旅游小贴士】

景区地址：景德镇浮梁县瑶里镇

开放时间：8：00-17：00

交通：在里村短途汽车站（景德镇市曙光路）乘坐上午7：30 或下午14：30的中巴可直达景区，车票为15元

门票：150元（景区联票包含景点有瓷茶古镇游览区、汪湖生态游览区、高岭土矿遗址园区、绕南陶瓷主题园区、梅岭休闲度假区。）60周岁以上老年人凭证半票，70周岁以上老年人免票

自驾路线：

1.武汉到景德镇瑶里古镇自驾车路线：

武汉经黄梅至九江的高速公路—九江至景德镇的高速公路—景德镇西客站—何家桥—景瑶公路—瑶里；

2.南昌到景德镇瑶里古镇自驾车路线：

南昌至九江的高速公路—九江至景德镇的高速公路—景德镇西客站—何家桥—景瑶公路—瑶里；

3. 在景德镇下高速后，走景德镇东一路或者东二路，路上有瑶里风景区标示牌，到黄泥头村，走加油站对面那条路(有标示牌)可直接到达瑶里。沿途经过王港乡—藏湾乡—鹅湖镇—瑶里

电话：0798-2601909

着蜿蜒古朴的山道，观赏着苍劲古木、葱翠竹海，又仿佛听到古代客商、脚夫的吆喝声和马帮的铃铛声，把人们的思绪带回肩挑背驮的岁月。

（二）浮梁古县衙景区

浮梁县距今有1400多年的历史。在历史上，浮梁曾为上县，县城有3万多人口，非常繁华。至今在古老的县城内仍留

浮梁古县衙城门

下了许多闪烁昔日辉煌的遗迹，如古城墙、孔庙、城隍庙、牌坊、锦绣街、宝积寺等，而尤为著名的是被誉为“江南第一衙”的浮梁县署和人称“江南第一塔”的宋代红塔。

1. 浮梁古县衙 >>>

浮梁县衙（国家AAAA级旅游景区）是清代道光年间（1821年）重修的。原占地面积为6万余平方米，有房屋300余间，因为浮梁县知县官居五品，故其衙署比一般衙署规模大。

浮梁古县衙衙门

县衙以大堂为中心，坐南朝北，前朝后寝。大堂面积达400平方米，梁柱硕大，空间开阔，取名为“亲民堂”。这里是知县举行重大典礼、审理重大案件和迎接圣旨的地方。大堂两边的东西厢房是供书启师爷，刑名师爷办公之处。其后为二堂，是知县处理一般民事案件，接待外地官员、商议政事的地方。后面的三堂则是知县办公及眷属（指正妻）会聚的地方，东西各有两间厢

浮梁古县衙大堂

房，东厢房是知县与正妻住的地方。西厢房是侍从住的，小妾及其他家属住在县衙外的香山别墅。三堂后左右为东西花厅，是知县娱乐的地方，高级官员或同窗好友在此吟诗对弈。三堂后面辟有宽阔的后花园，这里花木争荣，翠竹扶疏，供官员及家眷休闲娱乐。浮梁古县衙极具魅力的不仅在于建筑本身的文化，还在于每一座主要建筑内的楹联和匾文。这些楹联匾文不仅折射出官文化的精华，其艺术品位也相当高，是衙署文化的重要组成部分。

2. 旧城红塔 >>>

这座巍峨耸立的红塔，素有浮梁“古代城徽”之誉，是浮梁的标志。红塔的佛名为“大圣宝塔”，收录在《中国古塔》一书之中。它始建于公元961年，明代万历三年（1575年）重修过一次，距今已有1000多年的历史，是江西省保存最早、最完整的一座大型古塔，人称“江西第一塔”。1959年红塔被列为首批江西省文物保护单位。

红塔不是红砖砌的，因其封砖灰浆是用石灰、糯米浆、红泥

浮梁古县衙红塔

地址：浮梁县浮梁镇旧城村
开放时间：8：00-17：00
交通：景德镇市浙江商城乘坐16路支线，1-2小时一趟，票价为1元
门票：50元
电话：0798-2621155

巴、砂四种成分混合而成的，后来常年受风雨侵蚀，里面的灰浆不断外流就把整个塔身染红了，故成为“红塔”。

这座塔原来有9层，自1984年维修时把塔顶的铜锅改成13吨重的铁葫芦塔刹后，吊车吊不上去，故而降低了两层。塔是穿壁绕座式，所以要登塔，从门外面向里面上石阶梯，又从对面门出，并且绕外檐平座半圈，内外结合，相穿而上，方可登到塔顶。塔底有地宫，埋藏了舍利子。

相传明朝皇帝朱元璋曾经在红塔顶上避过难。他与陈友谅大战鄱阳湖的时候吃了败仗，后沿着昌江古道一直败退到浮梁县城，就是躲在红塔顶上避过了一难，他的后人曾拨款维修此塔。

古建筑专家罗哲文在《中国古塔》一书中称赞红塔：“历史文化名城景德镇为著名的瓷都。古浮梁的遗物唯此一高塔为志，至今可贵。”

（三）新佳茶园

浮梁县浮瑶仙芝茶业有限公司庄湾新佳茶园，是采用公司加农户的形式建设的基地。茶园按全程机械化建园标准，实施双行双株高密速成，朝免耕方向发展，通过加造防护林，营

新佳茶园

造小气候，形成生态茶园。新佳基地已建成集茶叶生产、科技、检测、展示、交易、培训配套一体的科技中心，茶园实现了“五机生产”，年加工生产优质茶叶1500吨，年产值3000万元。

基地被授予“农业部园艺作物（茶叶）标准园”“全国农业综合开发产业化示范基地”“鄱阳湖生态农业示范基地”“江西省首批茶叶出口备案基地”“中国第一批优质茶园”“中国茶叶学会茶叶科技示范基地”等称号。产品通过了ISO9001、ISO22000质量管理和产品安全体系认证，并通过中国有机认证和欧盟BCS有机认证。

整片茶园共分为三块，既依山傍水，又连成一体。其特点为“茶成园，树成行，路成网，沟相连”，远看林海翻腾，近观茶浪涌波，四季嫩绿，怡心养目。基地区域内有国家小二级水库，水库周围群山叠翠，林木葱茏，库区港湾相连，水域富有变化，山水相映，景色迷人，是游客凭湖泛舟、临江垂钓的绝佳去处。

茶园总面积为200万余平方米，其中公司连片茶园有173万余平方米，边缘发展27万余平方米。茶园主要有槠叶齐、白毫早、福云六号、福鼎大白、迎霜等品种。

基地采用了“公司+基地+合作社+农户”的模式，实行“统

新佳茶园

新佳茶园

一模式，集成技术，分户管理，统一加工”的管理方法。

公司每年投入300万元对基地进行打造，目前新建加工厂房8000平方米，设备主要有茶园管理设备、茶叶配套加工设备,购进中耕机、修剪机等28台（套），太阳能诱杀灯40台；引进红茶和绿茶清洁化加工流水线各一条，其特点是节约人力，降低物耗，提高工效，避免二次污染，为有机食品优质安全的生产提供有力的保障。

作为新农村的建设点，未来将把茶园建成科技示范、休闲观光、高效丰产的生态茶园。总体目标：规划建设优质茶品种对比区、茶园观光区、生产加工区、茶文化交流体验展示区和立体农业开发休闲区共五个区域项目。主要建设茶园游乐项目、茶文化广场、茶文化博物馆、水上品茗长廊、种养立体循环产业示范区等茶文化创意产业项目。

通过重点打造，基地具有良好的经济效益，并将为浮梁茶叶生产注入新的科技活力，为全县茶农提供茶叶科技生产示范、样板茶园，同时帮助茶农接受现代化茶园管理观念，改变茶农固守的传统茶园生产、加工模式，更好地帮助茶农提高茶叶经济效益，增加收入。与此同时，旅游业还能优化产业结构，带动浮梁县范围内建筑业、制造业、食品业、商业、服务业、金融业和信息业等其他相关产业的发展，有利于当地生态资源的保护和传统文化的弘扬。并可以有效解决浮梁县部分城镇人口的就业问题，为农村剩余劳力的转化起到积极的促进作用，从而推动全县经济持续、快速、稳步发展。

地址： 江西省浮梁县城仙芝街8号
交通： 自驾车
门票： 免费
电话： 0798-2626312

（四）古村落景区

1. 沧溪古村

沧溪村全称是景德镇市浮梁县勒功乡沧溪村，位于浮梁县东北部，距离景德镇——黄山旅游公路4千米，距离勒功乡政府驻地5千米，距浮梁县城60千米，距景德镇市区70千米。

沧溪村始建于东汉末年，当年建功卓越、人称“浮梁开国

沧溪古村落

男”的始祖朱秀，就归隐于此处，距今已有1700余年。沧溪村是浮梁继瑶里、严台之后第三个获得国家级

沧溪古村落

历史文化名(镇)村殊荣的古村。据浮梁县旧志记载，沧溪村建于唐朝。僖宗干符年间，大将军朱迁奉朝廷之命率部追剿叛军，屯兵浮梁朱家营，后举家迁徙定居沧溪，因朱迁属“沧”字辈，且村前一条清澈秀丽的小溪蜿蜒绕村而过，故将此地命名为“沧溪”。朱迁选择沧溪安家落户，陶渊明选择庐山归隐，他们俩的心境恐怕大相径庭。陶渊明为逃避现实，离群索居，“采菊东篱下，悠然见南山”，在悠闲逍遥的田园生活中，豪情殆尽。朱迁不是陶渊明，他作为朝廷重臣，或驰骋沙场、血腥杀戮，或平定叛乱，结下江湖过节儿，说不定哪天招来杀身之祸、灭门之灾。所以，朱迁选择了沧溪村，筑起远离战火和血腥的城池。于是，朱迁可以义无反顾，跨上战马，征战于千里之外。

十字街是沧溪的主要街道，其间以26条巷道相互连通。街道正中一律铺设青石板，两侧用鹅卵石砌成福、禄、寿、围棋、铜钱等各种花纹图案，镌刻成一幅幅古朴亮丽的风情版画，置身其中，仿佛走进了中国民间艺术的殿堂。

十字街的南门口矗立一座“蜚英坊”，“蜚英”意为“文坛英豪”。牌坊端庄厚重、平稳大方，通体用青砖构筑，为“四柱三间五楼”款式。两旁设大小八字影壁，中间分三段青石平台踏步，人称“三步金阶”，顶部设“五步架式”的马头墙，

沧溪古村落

沧溪村原始古街

人称“五凤楼”，其间镶嵌砖雕，纹案雕工细致、惟妙惟肖、栩栩如生。

牌坊正对面建有一口月牙状水池，池边栽了一棵桂花树和两棵柳树，枝繁叶茂，与蜚英坊构成“单桂双柳半月池，三步金阶五凤楼”的典雅景致，诗情画意尽在其中。

蜚英坊昭示它曾经是一位显赫的贵族，更像一位历经沧桑的老者，眉眼间依然气宇轩昂，气度非凡。这是一座富有生命的杰作。蜚英坊以其独特的造型、古朴厚实的风格，成为沧溪引以为荣的门户，成为沧溪千年历史的标志。

相传，朱氏第十三世祖朱宏一生致力于理学理想的研究和传播，在沧溪建了一座“理学祠”，广交贤士，讲经传道，著书立说，有《礼编》《四书图考》《六经理仪》《惠绥集》等多部著作藏于宁波天一阁，并经常与南宋大理学家朱熹切磋学术，各抒己见，有时为探讨观点到天亮，深得朱熹的赏识，朱熹认为他“高识笃行、鲜与伦比”，称之为“克己先生”。在朱宏的倡导下，沧溪村民风淳朴，百姓勤劳守礼，成为远近闻名的典范。为表彰和纪念朱宏，明正德年间，御批建造“蜚英坊”，南京刑部尚书、文林郎知宁海欣然挥笔题写了“蜚英”二字。在祭拜场，我们见到了一块青石板碑刻，碑文为南京刑部尚书戴珊撰文、清史司政李煌篆额、清史司主事方选书丹的《乡先生祠增祀宋克己朱公记》，碑文记述了宋代理学家朱宏的生平和业绩，并对其一生做了高度的评价。

来龙山脚下的朱宏墓至今保存完好。一条鹅卵石小道直通墓地，墓前宽敞显亮、整洁有序、层次分明，墓后古树蔽日、庄严肃穆，令人肃然起敬。从墓碑的设计和建造可见朱宏在沧溪人心中的重要地位，以及沧溪人对一代宗师的敬仰。

在朱宏的影响下，远离城镇的沧溪形成了独树一帜的理学思想和治家理念，淳朴勤劳的沧溪人遵循“读书、致仕、经商、种田”的家训，励精图治，曾书写了“三举五贡四十八秀”的辉煌，成为一段佳话。朱氏二十四世祖朱韶就是沧溪名门的榜样。朱韶曾任安徽池州知府，受理学思想的熏陶，为官清廉、公正无私，深受当地百姓拥戴。当年调任池州知府，恰遇百年旱灾，所辖境内树木枯死，农业颗粒无收，民不聊生。朱知府千方百计筹措粮食，安顿民生，并火速赶往故乡沧溪采集一种极易生长的“郎织女”种子带回池州播种。不久，池州重焕生机，旱情得到了缓解。后来，池州人把“朗织女”改为“朱家树”，以此纪念朱知府的功德，流芳百世。

现在看来，沧溪人将前山命名为笔架山，后山为来龙山，应该是古人对未来的一种美好祝愿和祈盼吧。

沧溪村周边自然景观同样美不胜收，山形似来龙，溪水潺潺，风光迷人，令人陶醉。全村共有八大胜景：

一是“二龙共珠戏”。指东水西流，西水东流，好似两条龙。双河水口有个岛屿好似珠子。

二是“仙桥脉左冲”。指村北来龙山脉山势起伏，如仙人搭桥，龙脉向村左侧冲来。

三是“窟尖燕窝秀”。指龙脉冲至上村分支，左侧为白马献

蹄形，右侧为牛角弯形，两山之间好似燕窝形，上村位于燕窝形中，四周古树林立，翠竹环抱，景色秀丽。

四是“两水合朝东”。指两条合水汇聚在村后来龙山分支的一个山坡脚下，此山坡是村西面挡风山。此山坡上可以展望“二龙共珠戏”“畔湖春桃”之景，古人在此建起一座阁，名为双溪阁。登阁可欣赏沧溪风景。

五是“畔湖春桃”。指双河口岛屿下，有个1千米长的峡湖，两岸桃树成林，柳树成荫，春天桃花满树，柳绿垂丝，鸳鸯戏水，鸬鹚捉鱼，景色醉人。

六是“桂岩印揽月”。指畔峡湖左侧抓额石山峰石壁上，古人刻有九十九个反文字，说是有人认出来这篇文字，便可找到宝藏。“上至插花尖，下至畔湖口，谁人找得到，金银八佰篓。”在抓额石顶峰上有一张石床石枕头，床边有棵桂花树，一边开黄花，一边开金花，名为金银桂。八月中秋节，村人常来此赏明月，祭拜天神，相传“八仙之一”的铁拐李云游至此，被景色迷住，于是对酒当歌，不知不觉中大醉了三天三夜。

七是“屏坞藏春色”。指村背后来龙山子包屏坞，屏坞中有四季之花，景色四季如春，在此建有忠烈庙以纪念忠烈。

八是“花峰共秀丽”。指村前朝山，天山洗碗插花尖山峰，春天百花盛开，绿水潺流，河光山色更为秀丽。

2. 严台古村 >>>

浮梁县江村乡严台村，古称严溪，坐落在江村的最北端，紧邻安徽祁门诸口乡和闪里镇，距浮梁县城74千米。相传东汉光武帝想请隐士庄光当谏议大夫，庄光坚决不同意，为了远离政治、避开帝讳，便改名“严子陵”隐居在这里，与家人一起

严台富春桥

过着平静的世外桃源生活，“严溪”因此而得名。为了仰慕严子陵的高风亮节，后来江氏祖先迁移到这里，把“严溪”改为“严台”。严台村风景秀丽，历史文化悠久。它起源于东汉光武年间，到现在有1900多年的历史。严台原有1000多年前的古老戏台，戏台全是由青石板和石柱彻成，从大年初一到元宵，既有龙灯又有板灯，村内有徽派古建筑民宅140多幢。2008年12月，严台村获“中国历史文化名村”殊荣。

说到浮梁闻名于世的茶文化，就绕不开古村严台。唐朝著名诗人白居易在其名著《琵琶行》中就有“商人重利轻别离，前月浮梁买茶去”的描写，明代的汤显祖在其《浮梁县新作讲堂赋》一文中，曾对浮梁茶有过生动描述：“今夫浮梁之茗，冠于天下，帷清帷馨，系其薄者……”民国四年（1915年），江村乡严台村江资甫

严台古村落

“天祥”茶号经营的“浮红”茶，在美国旧金山举办的“1915年巴拿马——太平洋国际博览会”上荣获金奖。

严台村落依山傍水，后有武云山作靠，前有笔架山为照，正符合“后有来龙，前有照山”的理念。左有青龙富春山，右有白虎武云山，两山合抱于村前，人们在村口还建造了山门、石桥、山墙，把严台村南唯一通向村外的环溪石板道路和水口锁定起来，山门还刻着“严溪锁钥”四字，正是这个意思，既防人气、福气、财气泄露，又起到了“一夫当关，万夫莫敌”的防御作用。外面壁垒森严，不见行人和喧嚣，而隐藏在其中的却是茶农们的欢声笑语，以及男耕女织、繁花似锦的人间仙境。

两条从武云山、富春山脚流出的小溪，穿街绕巷，弯弯曲曲向南，汇合后逶迤流向村口，村中有水既解决了消防用水和居民生活用水，又可排泄污浊，居住环境十分讲究。

在村落布局上，严台人根据地貌如秋叶的特点，结合村内

严台大石碾

“八仙下池”的气势，将村内大街小巷规划为叶脉状，民居的朝向可以根据溪流和街、巷的走向来定位，体现出严台的先人一种强烈的、崇尚科学的追求精神，最大限度地在人工建设村落轮廓与自然山川的地形地貌上取得和谐。

村口有一座古石桥叫富春桥，有诗为证：“百丈绦纶百丈台，千金难买此中来。冰轮清浸湘江晓，静影光浮活水回。暂钓烟云修六物，肯随轩冕羡三台。主人去后无消息，岁岁春风长绿苔。”

据说这里原来是东汉隐士严子陵垂钓的地方。诗中所描绘的是严子陵月下垂钓时的情景。严氏族人后来迁移到陕西，主人虽然离去，但经过岁月洗礼的富春桥依然安在，成为严台一景。

穿过严溪锁钥山门，一条青石板铺成的中心街道直通村尾，一幢幢民宅依次而建。村中的大街小巷，农家的建筑陈设，基本上保持了百年前的风貌。几棵翠柏、红枫、白果树，如同一柄柄大伞覆荫盖地，这都是严台开族始祖江仲仁的后代江合一种植的。江合一性情善良，勤劳敏捷，办事干练，尤其喜爱植树，这里村前村后的参天古木大多数是他亲手种植的。这些树不仅起到挡风的作用，美化了生态环境，也为严台的子孙后代留下美丽的风光和勤劳家风。整齐的青石板街巷、砖木结构住房，木门板店面，高耸的风火马头墙、墙角处的角柱石，无一不是明清时期的产物。为了方便村民务农和茶叶制作需要，严台茶乡街道的建筑平面大多数是前店后库、前铺后户的传统格局，具有宽狭不一、商店小型多样的特点。临街店堂采用开敞式木排门，昼下夜上，便于生意经营和居住。整个村庄古色古香，无不透出赣派与徽派文化交融的历史文化底蕴。严台现存这样古民居200幢，有近70幢为明清建筑，因邻近徽州，因此多数是仿徽式建筑，而且呈现布局得当、造型古朴、雕饰精致的独特风格，是最能体现浮梁古代建筑特色和历史文化的少数代表村落之一。

庆云桥是为纪念江庆云为皇室治好病受到朝廷封赏而建造的。江庆云，清代乾隆年间的名医，世居严台，从小跟随父亲学医，他潜心钻研医学医术，遍访民间名医名方，中医医技不断提高，名声也越传越远。当时乾隆皇帝的母亲得了一种病，久治不愈，于是有人举荐江庆云去为她看病。江庆云凭着精湛的医术，用悬丝为乾隆皇帝的母亲探脉，很快治愈了她的病。为此，江庆云被乾隆皇帝封为朝廷御医，恩赐在他的家乡严台筑桥纪念，命名为“庆云桥”，同时恩准建筑三步金阶八字门楼，用来表彰江庆云的精湛医道。

严台村最典型的古建筑是世隆堂宗祠。它的砖雕、石雕与木雕充分显现了江西浮梁人民的聪明智慧和精湛技术，也集中体现了严台的建筑艺术。从这座祠堂大门前的精雕石鼓、青石门贴和宅地可以看出，它的规模宏大。“世隆堂”大门两侧两块青石雕琢而成的双面石鼓，鼓面平滑如镜，青石底座上雕刻的龙、凤、仙鹿、寿鹤、水牛和荷花图案依然精美细腻，栩栩如生。大门两侧墙上镶嵌着两块雕刻着十匹梅花鹿和十匹骏马图案的浮雕，形神俱备，呼之欲出，丝毫未因岁月的流逝而逊色。这些雕刻图案寓意着吉祥、长寿、俸禄、丰收等含义。表现了主人强烈的文化艺术追求。这座宗祠进到祖堂过道两边各有一个10平方米左右的池塘，四周用青石板圈定，池中的水终年不干涸，清澈见底，过道下面涵洞两池相通，池底也用石板砌平。据传，世隆公晚年常在小池边游玩观鱼，所以这对水池又名“双镜观鱼”，体现了一种优雅、恬静的情趣。

历史上，严台一直是浮梁茶叶主产区之一。清代道光年间，红茶制作工艺传入浮梁时，严台的茶叶种植和加工开始进入一个新的阶段。到19世纪末，严台村茶叶种植面积已达266万余平方米，功夫红茶产量达到15万余千克。茶庄已发展到7家。其中，茶叶大王江资甫经营的“天祥”茶号所产工夫红茶，被推荐参加在美国旧金山召开的“1915年巴拿马——太平洋国际博览会”，并获得金质奖，浮梁县城中心花园仿用这块金牌作为城雕。江村功夫红茶被列为世界公认的三大高香茶之一，严台也随着它的商业发展而闻名遐迩。

严台村目前仍然保留着众多自然与人文风景，有大岭樵云、石库仙踪、铁柱晴岗、白岳奇冠、杏坞书台等景观。秀美茂密的古樟、古枫、千年红豆杉和绿杏树；隐在绿中的灰墙黛瓦；潺潺的溪水、淡淡的炊烟；静静延伸的石板路；清晨油条、包子、豆腐等风味小吃的叫卖声，村口“严溪锁钥”的门楼下慈眉善目的老农，村前南坑溪中洗衣少妇的笑声和晨风中飘散的茶叶、茶油的香气，充分说明严台不愧是具有浮梁韵味的江西省历史文化名村。

3. 英溪古村 >>>

青山绵亘、绿水环绕的英溪村，像一艘在时光中搁浅的方舟，静静地躺卧在一脉相承的农耕岁月里。它位于峙滩东偏南12千米处，大英岭西南麓。是一个典型的八山半水一分田的山村，而且又是历史悠久，文化底蕴深厚的古村。

英溪始源于唐朝末期，金氏由槐里（今浮梁镇）迁至羊九源（村废），再迁至此地。英溪村得名有两种说法：一种是因为村靠大英岭和英凤山，村前又有小溪潺潺流过，所以得名英溪；另一种说法是带有美好愿望的：英溪村中间有狮子形状来脉（即座山），狮头上有几个小山包，像“王”字，王者，即英雄豪杰，

村前溪水源远流长，川流不息，故开创者取名叫英溪。

英溪以金姓为主，其始祖于唐初由安徽篁墩迁入槐里金家，是唐朝左仆射、后任浮梁县令金安的后裔，唐朝末期又分支迁入英溪，从此，金氏后代便在这块土地上安居创业，世代繁衍下来。金姓是浮梁历史上七大姓之一，宋代汪肩吾在《昌江风土记》中就有“至唐五代，雄杰崛起，不可胜数……若东北里之郑、朱，界田之李，槐里之金，凤栖之汪，湾市之臧、程皆是也”的记载，由此可见，金氏也是浮梁历史上的雄杰之一。

斗转星移，历史变迁。英溪先辈们在历史长河中，在这古老的土地上，创造了光辉灿烂的文化，为后人留下了丰富多彩的宝贵财富。

英溪四周山脉连绵，山峦秀丽，诸峰玉立，树茂林深，云绕水环，景气清淑。东有海拔770.7米、山形耸立似鹿角的鹿角尖山，南有海拔680.5米的鸡笼尖山，西有大岗山和考岭山，北有海拔400米黄泥尖山和大英岭（即英山岭）山，东北有冠峰山，峰高出群山，故而得名。村周围古木成林，高大耸立，遮天蔽日，种类繁多。其中有千年罗汉松，枝繁叶茂；被植物界称为活化石的银杏（白果树），硕果累累；四季金桂，飘香山野。更引人注目的是英溪八景：

一是“印墩截流”。印墩石在村边河流中，形同大印，挡住部分流水，故有“印墩截流”之说。据说，它预兆此地今后在朝掌权的人比较多。

二是“鸡冠砥柱”。鸡冠石生在河中间，形同鸡冠，横峙中流，似中流砥柱。传说，每天半夜子时，鸡冠石会准时像公鸡般啼叫。鸡冠石与杨村河中的花石，并称为“北乡锁钥”。

三是“英岭盘旋”。石板古道位于从李家直通兴田乡程家山村之间英岭上，此路弯弯曲曲，盘旋而上，全是石板铺成。据说，因李家村地处燕窝形，今后会出天子，为此，金姓全村人一夜之间做成此路，阻止李姓壮大，此路被命名为“白蛇捉燕”，此后李氏家族果然慢慢地衰败下来，金姓家族也就壮大，成为英溪的大姓。

四是“公母峙立”。公母二石位于张家水塘里，两块大石上下并排，周围有许多石儿，呈现不规则的形状。公石在上，约有2米直径；母石在下，约有1.5米直径，并列峙立在塘中央。关于这对公母石有一段美丽的传说：唐朝末年，有一天，天上一对童男童女下凡到英溪村张家水塘里游玩，童男童女觉得凡间山清水秀，成双成对，于是两人流连忘返，在此忘情地洗澡，不料时间太长未归，违反了天规，被雷公雷母缉拿，后来两人化成石头在此安身，日夜并排峙立在塘中，成了恩爱夫妻的象征。

五是“星桥逐步”。七星桥位于村水口，横跨在英溪河上，犹如“长虹卧波”“英溪晓月”，桥下流水叮咚，鱼儿游翔；桥头两侧古木参天，藤蔓缠绕，使千年古桥更为古朴庄重。人在桥上散步，令人心旷神怡，别有一番韵味。据传在明代隆庆年间（1567—1572年），探花金达回家探亲，他在村口过河时，发现只有一个烂木桥。金达想为家乡父老造福，就兴建了此桥。因金达是七星中的文曲星下凡，故将桥命名为“七星桥”。金达又将自己所著的文集命名为《星桥文集》。从此，该桥随文载入史册而扬名至今。

六是“樟槐合围”。樟树、槐树位于水口七星桥头两侧，为美化大桥的风景，按照当地百姓的想法——栽树挡风，故在桥头两侧分别栽上樟树、槐树、株树、紫檀树、桂花树、杉树、杜树、枥树、枫树、枞树等，探花金达还为这几种树做了一副

对联，上联“樟槐株檀桂”，下联“杉杜枥枫枞”，横批“星桥逐步”。樟树、槐树长大后合在了一起，故得名“樟槐合围”。这些树聚在村口桥边，历经沧桑，参天耸立，与七星桥一起，形成了防风聚气又关财源的天然屏障。

七是“五狮下阪”。五狮是指5座山包，村前对面有3个狮子形状的山包，村后有2个狮子形状的山包，中间是村庄和水田，所以，人们都说英溪为五狮下阪地形，是一块风水宝地。

八是“桂峰独秀”。这座山峰位于郑坑村后，此山特别高，峰顶形似桂花的五片花瓣，满山青翠。探花金达在家读书时，就把此山命名为“桂峰独秀”。

英溪村地处浮梁县北隅，大英岭南麓的开阔地，其周围诸峰联络，若狮似龙，最高者峰顶，冠盖浮北，形成避风聚气的自然屏障。由大源河、郑坑河、西坑河在村头汇成九弯十八曲英溪河，川流不息，似玉带绕村而流，不仅给村民提供浣洗卫生、消防生活方便，而且有灌溉、便利交通的功能。

村庄坐落在六龙戏水、五狮下阪的地形中间地带，即六条山脉蜿蜒直对村庄的英溪河和水田，像六条龙下山戏水；村前三个山包，村后两个山包，形似五只狮子，中间是村庄和田阪，故称“五狮下阪”，英溪先人认为这是一块钟灵毓秀的风水宝地。

村庄是按照“坐北朝南”“背山面水”来布局的。坐北朝南是为了避风向阳；背靠英凤山，面临英溪河，依山造屋，傍水结村，自然和谐。村内街套街、巷套巷，房屋错落有致。每条主要街口都有八字门楼或有一字门楼，俗称“小门口”，它既是一条街界址，又是这条街的护门，也是进出这条街的标志。

七星桥旧时为英溪出入咽喉，据关守扼，位置显要，也是全村水口。所谓水口，就是一方众多水流的总出口处。两边山势起捍门相对持峙，成为村口关闸，重重关锁，缠护周密。水口是村落建设中一项重要设施，是村落结构的一个主要构成要素，所以必须经过精心规划设计和打造。

英溪村水口建有七星拱桥、茶亭，种植了槐树、樟树、桂花树、紫檀树等名贵树种，使人工的建筑与自然形态结合成一个自然和谐的有机整体，美观实用，不失为英溪村“星桥逐步”的胜景。

英溪水口如同一个天然屏障，分隔着村内、村外两大空间和领域，来到这里的确有“山穷水复疑无路”之感，然而，只要沿路而进，穿过水口，便可“柳暗花明又一村”了。

英溪先民选择了六龙戏水、五狮下阪、碧水萦回的良好居住环境，体现了古英溪人的聪明智慧及较高的文化素养，方舟似的村落布局，象征着英溪人对理想的向往和对后辈的希望。

优美的自然环境、深厚的文化底蕴，造就了一方独具一格的建筑文化。在英溪这块钟灵毓秀的土地上，至今仍保存着众多精巧的赣徽派古建筑，它们像一朵朵雍容典丽的艺术奇葩，装点着璀璨的英溪村史文化，是后人不可多得的瑰宝。

这里古民居受传统文化和优美地理环境等因素的影响，形成独具一格的地方建筑风格，青砖黛瓦、马头墙、砖木石雕以及层楼叠院、高脊飞檐、曲径巷道等和谐组合，构成地方建筑的基调，有的民居规模宏伟、结构合理、布局协调、风格清新典雅，尤其是装饰在门罩、窗楣、梁柱和窗扇上的砖、石、木雕，工艺精湛，形式多样，造型逼真，栩栩如生，有的民居是两层多进，各进皆有天井，充分发挥通风、透光、排水作用。人们坐在室内，可以晨沐朝霞、夜观星斗，经过天井的“二次折光”，光线比较柔和，给人以静谧之感。雨水通过天井四周的水枧流入天井阴沟，俗称“四水归堂”，意为“肥水不流外

人田”，体现了古人聚财、敛财的思想。还有的民居设有“走马楼”，天井周沿均设有精美的栏杆和“美人靠”。一些大家族，随着子孙繁衍，房子就一进一进地套建，似有“庭院深深深几许”之感。保留至今的国学师府正门、门楼，青云得路坊以及迁移景德镇历史博览区的金达故居、英溪祠堂等建筑都已成为浮梁历史文化遗产中的瑰宝。

国学师府门楼，是明代探花金达故居的组成部分，该门楼坐北朝南，影壁成八字形，大量运用重工木雕装饰，梁架上雕刻着云状蚂蚱和纱帽、缠枝牡丹、卷草如意、凤凰戏牡丹等，格板木雕有缠枝卷草、牡丹、梅花、菊花等图案，在不凡的气势中透露主人不俗的情怀，该门楼是出入庭院及正屋必经的第一个建筑物。

英溪祠堂建于清代嘉庆年间（1796—1820年），遗存到现代仅剩享堂及后寝两部分，面积为485平方米。

享堂与后寝之间，两侧为走廊，上部架“船篷式”轩顶，中部为天井，下凿成深池，四周以石制栏杆，含“取水”之意。后寝高于走廊和享堂3个踏步数（约0.6米），形成平台，后寝的次间，构成两间后正房，原用于陈放宗族祭祀用品，后寝明间，前为堂面，后为神主台，神主台进深1米，外置“三间三楼吊脚式”牌科门楼，作为神主台龛门。

英溪祠堂于1989年1月被列为景德镇市文物保护单位。

自古以来，英溪文风昌盛，教育发达，“以才入仕，以文垂世”者代不乏人，灿若繁星。为宣扬封建的伦理道德，表彰孝子义士、节妇烈女等宦绩政声，人们多采用“立牌坊”的办法传显荣光，流芳百世。

“青云得路”坊至今仍耸立在村中，向后人彰显金达高中探花的荣耀。这昭示着人们，到此一游，就能像金达一样青云得路直升而上。据《浮梁县志》记载："'青云得路'坊，由明代成化辛卯科（1471 年）乡举人徐谨（字延重）建造。"

"青云得路"坊，属四柱三间三楼牌科类牌楼建筑，面山背水，坐南朝北。该牌楼的柱枋、斗拱、雀替等绝大部分主要部件，均以砖作材料，属全砖结构。两次间，以砖砌实、粉面，成为两侧影壁。明间，两侧同样以砖砌实，门洞上方设木质门枋，上以砖砌实，门枋上残留门贴（木质）一块，说明原门洞配有双扇木质板门。用以日启夜闭，下额枋、上额枋、间柱均以堆雕砖花贴面外突，但砖花均在"文革"期间被铲除，留下了无法愈合的创伤。明间下额枋两端与柱间，置高浮雕鱼龙吐水纹样的造型雀替。上、下额枋之间，镶嵌"青云得路"砖质饰彩匾额，前后五柱采计心造柱顶铺作及补间铺作，直接承托挑檐枋，补间铺作，明间三朵，次间一朵。无转角铺作，各朵铺作之间，以砖砌实，挑檐枋及楼顶椽为木质。楼顶屋面铺蝴蝶瓦，无脊饰，无吻兽，次间边柱外侧，以砖砌实，直接与该牌楼两侧建筑的小墙吻合，除大部分雕刻饰物残破之外，整个牌楼的主体均保存完好。

"青云得路"坊，为景德镇市地区保存基本完好的明代全砖结构牌坊遗存之一，具有较高的保护价值和研究价值，同时也具有一定的观赏价值。

（五）湘湖柳家湾景区

1. 湘湖街古瓷窑址 >>>

湘湖街古窑遗址位于湘湖镇湘湖街村南侧临南河，窑址分布在内傍坞、窑前山、桥头、栏窑山、牛栏头等5处，总面积达6600多平方米。窑址出土的器物主要有五代灰胎青釉大圈足

碗、白胎白釉大圈足碗、北宋影青高圈足碗以及影青花口折腰盘。该窑址反映了景德镇五代、北宋、南宋三代的烧造工艺和技术，对明清时期制瓷技术产生了重要影响。

2. 南市街古瓷窑址 >>>

南市街古窑址位于景德镇寿安镇南市街村，距柳家湾约1.5千米。遗物分布范围较大，堆积层丰富，有4处较大的遗存。该窑址主要生产青瓷、白瓷、影青瓷和少量白瓷等，尤以影青瓷为大宗。从采集的标本来看，器物造型主要分为碗、盘、壶、盏、茶托等，与宋代湖田窑的影青瓷相似。装饰技法主要是划花，亦有少量印花。纹饰丰富，主要以牡丹和莲瓣为主。采用一器一匣仰烧法的装烧工艺。从调查资料分析，该窑址兴烧于五代，终烧于元代。该窑址对研究宋代景德镇瓷器的生产具有重要的研究价值。

3. 兰田古瓷窑址 >>>

位于景德镇市东郊20千米处湘湖镇兰田村金星自然村西北万窑坞山坡上，南距南河约1千米。该窑址清理出土了一批青釉、白釉、青白釉和窑具标本，其中青釉瓷标本占出土物的绝大部分。出土的青釉器为早于五代的晚唐遗物，这对研究景德镇早期制瓷有非常重要的意义。

（六）双龙湾农业生态园

景德镇双龙湾黄金旅游景区，位于全国生态县浮梁县境内，距景德镇18千米，是景德镇到瑶里风景区的必经之地。

景德镇双龙湾黄金旅游景区，是“瓷都”景德镇一颗新兴

双龙湾农业生态园一景

而又璀璨的黄金旅游景区明星。景区生态环境优良，文化内涵丰富，景点别具风格。游客定能乘兴而来，尽兴而归。

景区有黄龙和青龙显灵的美丽传说，龙文化是景区的主题。门楼的主题绘画、陶瓷灯柱上的绘画和许许多多的雕塑，都以龙为主。景区两个宾馆，一个被命名为黄龙会所，一个被命名为青龙宾馆。希冀游客光临景德镇双龙湾景区，能够沾上龙的祥瑞！

景区风景秀丽。清澈的河水顺流而过，景区内古树、青松、翠柏、茶园、果园、亭榭和涟漪的湖面，绘就了一幅醉人的风景画。

双龙湾农业生态园大门

景区内有古色古香的宾馆、一流的设施，为游客提供舒适住宿的同时，还提供天然氧吧、水上餐厅、无公害餐饮等休闲服务。

景区文化底蕴厚重。据记载，唐朝诗圣白居易、宋代文豪苏东坡都曾亲临景德镇东河流域一带游山玩水，在双龙湾留下了他们的足迹。景区建有两位诗圣的诗词陈列馆。

景区有瓷文化魅力。高岭土是陶瓷制作的原料，景区保留了近千年的高岭土采矿遗址，1712年，法国传教士昂特柯莱到高岭考察瓷土，就曾经到过双龙湾高岭土矿区。

景德镇双龙湾黄金旅游景区张开双臂，笑迎四海宾朋来此度假，保证让您不虚此行!

地址：景德镇市浮梁县庄湾乡马墩口村
交通：里村短途汽车站乘坐中巴至鹅湖马墩口村
电话：0798-7112222

二 古镇珠山

（一）御窑遗址公园景区

景德镇御窑厂是明清时期专为宫廷生产瓷器的皇家窑场。公元1369年,明代开国皇帝朱元璋开设窑厂，至1911年清王朝被推翻，御窑制度终结，持续烧造时间将近600年。其遗址位于景德镇老城区中心地带，总面积约为13.1公顷，核心保护区约为5.43公顷平方米。为全国重点文物保护单位。这个景区由御窑西侧马蹄窑遗迹、珠山北麓窑炉作坊遗迹、佑陶灵祠、龙珠阁、官窑博物馆、御窑工艺博物馆等组成，集中展现了景德镇陶瓷文化的精髓。“御窑西侧马蹄窑遗迹”和“珠山北麓窑炉作坊遗迹”两处遗址都是2002年至2004年经科学发掘后呈现出来的，展示了明清御窑生产的概貌，传递了丰富的历史文化信息。

御窑厂遗址景区大门

1. 佑陶灵祠

佑陶灵祠是为纪念明代陶工童宾而建的，是景德镇陶工举行“祀神酬愿”活动的重要场所。这里供奉的窑神叫童宾，是御窑厂里一个看火的师傅。明万历二十七年（1599年），皇上命御厂烧造龙缸，因龙缸过大，屡屡烧制失败，为此陶工受尽了鞭棰之苦，为使龙缸能早日烧成，童宾只身跃入窑内“以骨作薪”，龙缸

佑陶灵祠

居然就这样烧成了。陶工因此视其为神，称之为“风火神”，并为他建了风火神庙，清代督陶官唐英为庙题匾额“佑陶灵祠”，从此风火神庙就改称为佑陶灵祠了。

2. 龙珠阁

珠山自古就是景德镇的象征，龙珠阁就建在珠山之巅。唐代初建此阁，称之为聚珠亭；宋代修葺一新后，称之为中立亭；明朝天顺年间重建，称之为朝天阁；成化年间改称冰立堂；万历年间改建，叫环翠亭；清雍正时改称文昌阁。1925年重建，始称龙珠阁，后破败坍塌。1987年重建，1990年10月竣工开放。重建后的龙珠阁，是一座仿明重檐宫廷式建筑，共6层，高34.50米，建筑面积达1650平方米。它耸立于珠山之巅，气势恢宏，古朴典雅，俯览全镇。和南昌滕王阁、赣州八镜台、九江浔阳楼一样，同属江西的名楼胜阁。逐级登楼，众多文物层层展现；凭栏远眺，十里古镇尽收眼底。

龙珠阁

3. 御窑博物馆 >>>

1982年以后，为配合市政建设，文物工作者在官窑（即御窑）遗址中发掘出十数吨历朝官窑残留瓷片。经清洗、分类，修复了1000多件官窑瓷器珍品，并收藏于此，故此地被称为御窑博物馆。馆内定期举办“元青花”“洪武瓷”“永乐瓷”“宣德瓷”“成化瓷”“嘉靖瓷”等皇家用瓷专题展览，以方便人们对御窑瓷器进行了解与鉴赏。

地址： 景德镇市珠山区珠山中路187号

交通： 1.火车站至景区乘33路，医药公司下车向西走150米即到；

2.西客站至景区乘35路，华达百货下车向西走100米即到；

3.飞机场至景区，打车需要20分钟左右的车程，25元左右，景德镇市区内没有直达飞机场的公交车；

4.自驾：A高速路口景德镇西—迎宾大道—西客站右转—瓷都大道—珠山中路—中华路口左转御窑厂遗址景区；

5.B高速路口景德镇北—金岭大道—紫晶路—昌南大道—珠山中路—中华路口左转到达御窑厂遗址景区

门票： 全票价为53元， 半票价为27元

电话： 0798-8221378

（二）古窑民俗博览区

古窑民俗博览区鸟瞰图

景德镇古窑民俗博览区位于景德镇市瓷都大道古窑路1号（伊龙大酒店旁），景区距机场、高速路口、火车站车程均在10分钟左右。景德镇古窑是国家AAAAA级旅游景区、国家文化产业示范基地、国家级非物质文化遗产生产性保护示范基地。

历代瓷窑展示区：古代制瓷作坊、世界上最古

老的制瓷生产作业线、宋代龙窑、元代馒头窑、明代葫芦窑、明清御窑、清代镇窑、风火仙师庙、瓷行等景点，向人们展示了古代瓷业建筑，明清时期景德镇手工制瓷的工艺过程以及传统名瓷精品。

陶瓷艺术的小桥

陶瓷民俗展示区：以十二栋明、清古建筑为中心的民俗景区内有陶瓷民俗陈列、天后宫、祖师庙、瓷碑长廊、水上舞台瓷乐演奏等景观。

瓷生一日艺术休闲区：昌南问瓷、三间庙码头、耕且陶焉、前瓷今生、木瓷前缘等瓷文化创意休闲景观。在这里，我们与您共同探索中国千年陶瓷文化的脉络。

1. 古代制瓷作坊 >>>

制瓷作坊，俗称“坯房”，是制作瓷器坯胎兼瓷器坯胎釉下彩绘的工厂建筑。根据瓷器坯胎品类的不同，又可分别称作“圆器作坊”和“琢器作坊”。每栋作坊，均由三栋或四栋穿逗式木架建筑绕内院组合而成，犹如北方的三合院或四合院布局。这样的布局，使作坊建筑内部可以获得良好的采光和通风条件。作坊建筑主要由正间和廒间组成，正间是瓷器坯胎

非物质文化传承老艺人——拉坯生产展示

制作场所，依照瓷器坯胎制作程序按流水线形式作生产设施布局。与正间相对的廒间是原料储存、加工粉碎的场所。正廒间之间相连的边屋，称“披屋”，是冶炼瓷土并储泥陈腐的场所，其上设置活动的木架，用于晾晒瓷坯，故俗称“晒架塘”。

非物质文化传承老艺人——利坯展示

非物质文化传承人——施釉生产展示

在制瓷作坊里内，每个工位上都有老艺人进行现场操作和表演。其工具之古朴、手法之娴熟、技艺之精湛、产品之精美，令人瞠目结舌、赞叹不已，是游览古窑的精华所在。

2. 宋代龙窑 >>>

龙窑为我国传统陶瓷窑炉之一，窑炉依山势倾斜砌筑，形状似龙而得名。龙窑结构简单，分窑头、窑床、窑尾三部分。窑头设有单独的火膛，其余燃烧室均在窑床的通道内，投柴口设在两侧窑墙上的拱脚处，对称排列。一般以茅草、树枝等为燃料。其优点是造价低、装烧量大，并可充分利用余热。利用自然山坡建造，火焰抽力大，并可形成烧造青瓷、影青瓷的还原气氛。龙窑为景德镇宋代瓷业的兴盛做出了杰出贡献。景德镇湖

2012年10月19日，宋代龙窑复烧场景

田、瑶里、丽阳等多处发现有宋代龙窑的遗址。

景区内现存的这座龙窑为2012年6月复建。

3. 元代馒头窑

2011年10月19日，元代馒头窑复烧场景

馒头窑为景德镇宋元明时期使用的典型瓷窑之一，以窑形近似馒头而得名。有的馒头窑窑床的平面呈马蹄形，故又称马蹄形窑。馒头窑属半倒焰式窑炉，火焰自火膛喷向窑顶，再倒向窑床，烟气从排烟口、竖烟道、经烟囱排出窑外。烧成温度可高达1300度，并可形成还原气氛。经景德镇窑工的不断探索，元明馒头窑的营造技艺和烧成技艺达到了我国传统瓷业同类窑炉的最高水平。

景区内现存的这座馒头窑为2011年10月复建。

4. 明代葫芦窑

2010年10月19日，明代葫芦窑复烧场景

葫芦窑为景德镇葫芦形柴烧瓷窑的简称，古人说其“窑形似卧地葫芦，前大后小”。葫芦窑为景德镇特有的瓷窑，最早出现于元末明初，直到清初出现了蛋形窑（镇窑）后才逐渐

停止使用。明代宋应星的《天工开物》一书对景德镇的葫芦窑有专门的文字记载，并配有插图。

明代葫芦窑兼备了宋元时期龙窑和馒头窑的优点，烧成技艺有了长足的进步，对整个明代景德镇制瓷业发展和清代镇窑的形成做出了杰出的贡献。

景区内现存的这座葫芦窑为2010年复建。

5. 清代镇窑 >>>

2009年10月19日，清代镇窑复烧场景

简称“镇窑”。镇窑为我国传统窑炉中独具风格的瓷窑。

窑房是穿逗式木构架建筑。窑炉位置约占窑房四分之一的面积，除去窑炉所占空间，其余约为两层结构。底层为装匣、开窑之用。二层柴楼主要用来贮备松柴。整座窑炉棚顶，与无梁殿内顶部相似，属砖砌成的拱形结构顶棚，高大的烟囱用单砖砌成。因其烧成室型呈一头大、一头小的长椭圆形，故有“鸭蛋形窑”之称。窑房全长18米，容积为260.03立方米，最高处达5.6米，火焰长而灰分少，且不含有害物体，适宜烧还原焰，白瓷、青花瓷、颜色釉等的釉面呈色效果良好。按照窑位各部位火焰流动及其温度分布情况，可以分别装烧高、中、低火候的瓷坯。

景区内现存的这座清代镇窑，是景德镇迄今保存最完整、最具价值的古代瓷窑，为国家级重点文物保护单位。

6. 明清御用瓷窑：青窑、龙缸窑、风火窑 >>>

明清御窑复烧夜景

青窑，明清御用瓷窑之一，专门烧制小件青花瓷。它比龙缸窑略小，窑室宽1.75米，进深1.58米，高2.1米。每窑烧制青花瓷器300余件。品种有碗、钟、盘、碟等。器型多种多样，充分满足明清宫廷的需求。

龙缸窑，明清御用瓷窑之一，烧制大龙缸。因其烧制的瓷缸大多绘画青花云龙，所以被称为龙缸。窑室宽2.1米，进深2.1米，高2.25米。每窑只能烧制一口龙缸。每窑烧炼需溜火7个日夜、紧火2个日夜、歇火冷却数天后才可开窑。

风火窑，明清御用瓷窑之一，烧制多品种的御用瓷。古人认为，烧窑需借助、依赖风火，所以瓷窑统称为风火窑，尊"窑神"童宾为风火仙师。窑室宽2.4米，进深2.15米，高2.4米。可以同时烧制大、小件圆器、琢器青花瓷和颜色釉瓷等。

7. 风火仙师庙 >>>

风火仙师庙里供奉的是风火仙师童宾。童宾是明代万历年间景德镇的烧窑把桩师傅，在烧造御器大龙缸时悲壮献身，被后人奉为窑神。

风火仙师庙的建筑建于清代嘉庆年间（1796—1820年），建筑分享堂及后寝两部分，面积为485平方米。享堂与后寝之间，两侧为走廊，上部架"船篷式"轩顶，中部为天井，下凿成深池，四周围以石制栏杆，含"取水"之意。后寝高于走廊和享堂三个踏步数，形成平台。后寝的次间，构成两间后正

房，用于陈放祭祀用品，后寝明间，前为堂面，后为神主台，

神主台进深1米，外置“三间三楼吊脚式”牌科门楼，作为神主台龛门。1989年1月该建筑被列为景德镇市重点文物保护单位。

8. 唐英纪念馆 >>>

唐英（1682—1756年），清奉天（今辽宁沈阳）人，隶属汉军白旗。字俊公，自号“蜗寄老人”。清雍正六年（1728年）起奉命驻景德镇御厂任协理官，乾隆元年（1736年）起先后管理淮安关及九江关并兼理窑务，直至乾隆二十一年（1757年），前后管理景德镇御厂20余年。他致力于制瓷工艺的研究，在仿古、创新方面均获得巨大成就。其所督造之瓷器被称为“唐窑”。其所著《陶成纪事》《陶冶图说》及《陶人心语》，均为研究景德镇制瓷史的重要文献。为缅怀前贤，传承发展中华民族优秀文化，特建立“唐英纪念馆”。

9. 清园 >>>

清园有四栋不同类型的清代建筑。正中一栋是命名为“玉华堂”的祠堂。该祠堂由照壁、门厅、享堂、后寝组成，平面阔朗，空间高大，地面一色青石板，构架粗犷壮观，雕刻彩饰富丽堂皇。祠堂后是成为“大夫第”的清代进士住宅，旁边配有一书厅和住宅相通，厅前设石栏水池，两旁是格扇厢廊。门外有小花园，形成一处闲静幽雅的小天地。祠堂右侧是一栋沧溪民宅，为小康人家的住宅。其后是窑柴行老板的庞大住宅，共有三进，整个建筑立势轩昂，用料考究。

“玉华堂”内有景德镇陶瓷民俗展览，通过蜡像、实物，情景再现了古代陶工和镇民的生产及生活习俗。

10. 明间

明间有闾门、店铺、祠堂、民宅等八栋明代建筑。明代闾门在明代建筑遗存中较为罕见，此处夏田闾门更为精美。明代晚期的店铺为三开间，明间稍大，两次间为柜台，建筑简朴实用。汪氏五股祠堂为三开间，由照壁、享堂、后寝组成。其他五栋民宅的典型平面是围绕天井布置上下堂、上下正房、东西厢房等。层高都在四五米，结构基本是穿斗式。山墙面多做成梯形的封火墙（俗称马头墙），雕刻纹饰各具特色，其中两进三层的苦菜公大宅在明建遗存中尤为罕见。

11. 瓷音水榭

景德镇市歌舞团于1985年至1998年，相继创制瓷瓯、瓷编磬、瓷编钟、瓷二胡、瓷管钟、瓷笛、瓷箫、瓷鼓等瓷制乐器，演奏起来清晰悦耳、美妙动听，是景德镇瓷乐器“声如磬”的集中体现，此举为世界首创。该团曾先后赴日本、俄罗斯等十几个国家和地区演出，所到之处均受到热烈欢迎。为满足游客需求，该团在“明湖”旁搭建瓷音水榭，每天定期由身着具有地方特色服装的妙龄乐手，演奏中外驰名乐曲。水天一色，天籁之音，妙不可言。

瓷瓯

地址：景德镇市瓷都大道古窑路1号（伊龙大酒店旁）

开放时间：8：00–17：00

交通：乘坐公交至枫树山站，再步行至景区：

1.汽车东站——枫树山，11路、33路；

2.浮梁县——枫树山，16路；

3.汽车东站——西客站——枫树山，22路；

4.西客站——枫树山，2路；

5.火车站——汽车东站——枫树山，6路

门票：95元

电话：0798—8534444

（三）一江两岸

昌江，是旧时出入景德镇唯一的交通要道。沿江之滨，舟楫云集，船行与船帮甚多。它的历史源远流长，见证了“瓷都”景德镇城市的巨大变化。“一江两岸”工程，是景德镇近几年重点工程，它担负着防洪和美化城市的职责，不仅为周边居民安全防灾提供了保障，也为城市的美化、亮化提供了前提。尤其在昌江河两岸的河坝上，现已建起一个又一个高低错落有致、亦有中国传统特色的“亭、台、楼、阁、廊”等仿古建筑，每到夜间，这些地方便有许多业余群众文化艺术团体或歌，或演，或说，或跳，热闹非凡，加上沿江东岸一长条卡拉OK厅的歌声，整条沿江路形成了一股强大的“交响乐”，久久回荡在五光十色的夜空之中。

1. 河岸文化墙 >>>

在昌江河的西岸一个巨大的岸边山体墙壁上，陶艺家与城市建设者们用各种陶瓷材料制作完成了表现“瓷与茶”文化主题的景观画卷。有用瓷板镶嵌出的“茶”字和扇形画面的品茶图案；有以青花瓷板绘制的陶瓷制作工序，如捧坯、装坯、吹釉、画坯、拉坯、踩泥等图案；还有扬帆起航的巨船图，载瓷驶出“草鞋码头”的景德镇地图、中国地图、世界地图；最南端，还有郭沫若挥笔写下的“中华向号瓷之国，瓷业高峰是此都”题词，遒劲有力。

2. 斗富弄景区 >>>

现为陶瓷、游玩、购物、观光一条街，是景德镇“一江两岸”附属工程的一大文化现象与模板，其建筑统一用“窑砖”

砌墙、飞檐画栋。斗富弄其实是一条较为宽敞的大街，纵贯中山北路和中华北路。在沿江斗富弄口，新建一座十余层塔形建筑，站至高层可一观昌江两岸全景，十分壮观。斗富弄从西至东，两旁开满各种陶瓷艺术作品创展室与各种店铺，还有沿江弄口大众文化剧场，每到黄昏后都有群众文化团体演出，热闹非凡。在斗富弄东与风景路接壤处，一座古色古香建筑“龙凤阁”也非常耀眼，这是一家私人陶瓷博物馆。该馆前面转角处，还有一家展馆收有十大瓷厂的厂瓷。因为斗富弄商铺呈一字长蛇阵势，加上其独特的建筑风格，各种文化氛围十分浓厚，因而此地是供游人观赏、游玩、购物的好去处。

十大瓷厂博物馆

（四）古巷遗风

过去，景德镇有“三洲四码头，四山八坞，九条半街，十八条巷，一百零八条弄”之说，可见古街古巷之多。随着城市建设的发展，一些古迹已不复存在，但依然保护下来了部分具有历史文化价值的古街古巷。若您抽空去溜达溜达，一定会有所收获的。

1. 彭家弄历史文化街区 >>>

彭家弄历史文化街区位于御窑遗址保护区西北侧，由彭家下弄、毕家下弄、方家下弄、湖北书院弄、水府弄及多条横弄组成。在该街区内有湖北会馆（又称“湖北书院”）、奉新会馆、钉鞋铺、米谷行、栅门、窑柴行等。

湖北会馆整体布局和体量较大，由主体建筑、义祭祠、二层楼栈房、古井组成，木雕纹饰刻博古、花草、戏曲人物等，十分精美。据说，民国初年袁世凯称帝时在景德镇定做的“居仁堂”瓷（也有人称“洪宪瓷”）就是在此包装发货的。

毕家下弄钉鞋铺，内部尚有一些民国时期制作钉鞋的设备。

彭家下弄36、38号赖淮清住宅周边，在晚清至民国时期多有赖氏家族住宅。赖氏家族靠经营窑柴业起家，后兼营窑业，当年地位比较显赫。

2. 葡萄架历史文化街区 >>>

葡萄架历史街区位于景德镇老城区西侧，由葡萄架、江家坞、许家弄、广益弄、五龙桥、犁头嘴、苏家畈、小苏家弄、酱油弄、蔡家街、风车弄、观音岭、枯树弄等弄巷组成，街区内有4个市级文物别和一些重要历史建筑及风貌建筑，还有1处清代贞节碑刻，以及4口古井（其中两口已被填平）等。该街区在民国以前有烧做两行老板住宅、作坊、窑房及多个寺庙，集瓷业生产、居民生活、宗教祭祀为一体。

其中，江家坞27号“烧做两行”老板住宅，进深30.2米，连同栈房、门房、院落等面积约为850平方米，空间布局融会中西建筑风格。2004年7月14日，此地被列为第三批景德镇市级文物保护单位。

房屋原主人余豪元（1898年——？），毕业于南昌豫章政法专科学校，曾任江西实业厅咨议兼江西账务处委员。其父

余英泾（1874—1929年），经营烧做二行，并设钱庄，拥有家屋、窑屋、坯房等房产50余幢，招牌号“余鼎泰”，为当年景德镇首富，被誉为“三尊大佛”之首，逝后财产由余豪元继承。据说余豪元耗费巨资，前后共费时3年，方于1935年建成，该建筑也是景德镇中华民国时期江西都昌籍“烧做两行”老板住宅中面积最大、建筑最精美的一栋。

3. 富强上弄历史文化街区 >>>

富强上弄历史文化街区位于景德镇南片城区，有富强上弄、塘塝坝、涂家坦、花园里、再胜弄上弄、大黄家上弄、安弄、铁丝弄、小黄家上弄等较完整的弄巷或残存的弄巷。这个街区以瓷行、会馆、民居建筑居多，为商住区。典型的建筑有小黄家上弄50号、花园里1号、花园里1号、再胜弄21号、花园里5号、董家岭横弄12号、董家岭上横弄16号、太和上弄8号等。

小黄家上弄50号为湖北鄂城来景德镇经营陶瓷者的瓷行兼会馆，该建筑的青石门框上有青石碑刻，上有楷书“鄂城别墅”4个字。

花园里1号瓷行为明代建筑，据调查，曾经为安徽桐城人瓷行，同时兼有会馆功能；再胜弄21号为明代建筑，至少在晚清民国时期就已经是姚姓瓷行。

花园里5号为民国时期典型的瓷行建筑，外墙里面有西式风格，窗户较大，采光较好；内部结构非常符合瓷行功能需求，下面空间高，便于堆放货物，二楼结构采用相互联通的所谓“跑马楼”形式，便于客商起居。

董家上岭横弄16号由一栋明代建筑和一栋清代建筑组成，在民国时期已曾经是瓷行。

董家岭上横弄12号为清代晚期所建清真寺，20世纪80年代全面翻新，前些年，新的清真寺在河西枫树山落成后，宗教活动基本转移，现在房屋大部分空置，或偶尔租给经商的回民居住。该建筑的功能，既是寺庙，又是瓷行，也是会馆。它是研究景德镇伊斯兰教信众在景德镇生产生活的重要实物史料。

太和上弄8号为中华民国时期安徽黟县布店老板住宅，木构件多有木雕装饰并贴金油漆，建筑空间较高，给人安稳小康的感觉。

4. 陈家弄历史文化街区 >>>

陈家弄历史文化街区位于浙江路北侧，由典当弄、石鼓里，烟园里组成。街区内有陈家弄30、36、38、40、41、43、45、47、52号及烟园里50号等晚清至民国时期江西都昌籍“烧做两行（既经营烧窑业，又经营手工制瓷作坊）”生意人的住宅，以及栅门、古井。该街区为“烧做两行”生意人的聚居区，亦为当年景德镇的富人聚居区之一。

陈家弄47号为三层砖木结构，为景德镇古建筑中为数不多的三层楼建筑之一；陈家弄41号，由栈房和住宅组成，内墙上用楷书写有“福”字，天井有简筒连接地下管道，天井上方两侧有遮阳构件，体现房屋主人对精致生活的追求。

栅门在陈家弄口，其顶部呈“山”形，以窑砖砌筑石库门形，上嵌有一青石楷书碑刻，以双勾法刻“陈家弄”，并阴刻上下款“光绪元年立千佛楼本街重修”。从这块栅门碑刻可以判断陈家弄在光绪年以前应当是属于千佛楼街区。为什么要建造栅门？我们或许可以从殷宏绪（法国人，1712—1722年间被派来景德镇传教）的信件中找到答案：“此地无城墙。要使交

通和商业发达，一般不设城墙，这样既便于扩张地盘，又便于输进和输出货物。条条街道都设有栅栏，晚上把它关闭起来。大街道设有几个栅栏，每个栅栏都有街道派出一人来守护，若不知特定的暗号是不开栅栏门的。此外，当地官吏常常出来巡夜，浮梁县的那些官吏也不时地来巡视街道。”

5. 刘家弄历史文化街区 >>>

刘家弄历史文化街区地处景德镇老城区南部地区，该街区在民国时期以前是生产日用粗瓷的主要作坊区之一，由刘家下弄、吊脚楼、狮子下弄、太平桥弄等弄巷组成。

刘家下弄与吊脚楼之间高出2-3米，地面以下5米多深的位置为宋元至民国时期的窑业堆积，地面多为作坊群建筑或由作坊改建的钢混结构住宅，整体历史风貌、肌理犹存，其中刘家下弄61、63号古作坊原始风貌保存较好。刘家弄一侧护墙及两条坡道均由窑砖加窑渣等窑业废弃物砌筑而成，形似堡垒，具有较强原真性和观赏性。2006年，此地被列为景德镇市文物保护单位。

另外，这里还有狮子下弄4号古作坊、太平桥14号古作坊及由青石搭建的“太平”古桥等遗址。

三 绿色昌江

（一）三宝风景区

1. 湖田古窑遗址 >>>

湖田古窑遗址位于景德镇市区东南方的竟成镇湖田村，距离市中心约7千米。在景德镇乃至整个中国的制瓷历史上，它都可以称得上是名扬四海的“风水宝地”，每年都吸引着中外考古学家、制瓷行家和其他游客络绎不绝地来此“朝圣”。因为就在这块方圆数十万平方米的土地上，曾经熊熊燃烧过700多年“烟焰张天”的窑火，刻写着自五代到明朝中期景德镇瓷业生产由初级到高级，以及盛极而衰的演变历史。据资料记载，这里曾是历代窑民瓷工的汇集地，出产过造型古朴典雅、釉色晶莹、纹饰秀美的白瓷、影青、釉里红、印花器、枢府器和青花等名瓷，赢来“天下咸称景德镇瓷器，而昌南之名遂微”的盛誉。

湖田窑

湖田古瓷窑是我国宋元时期瓷器生产规模最大、时间最长、产品亦最精美的瓷窑。由于烧造时间长、规模大，这里的遗址遗物非常丰富，古瓷标本俯拾可得。五代白瓷，元代青花、釉里红、卵白釉瓷，宋代覆烧影青等名瓷，以及宋元时期的制瓷作坊，明代葫芦窑、马蹄窑遗址，均堪称古代文明的瑰宝，展现出当年“万杵之声殷地”“火光炸天”的兴旺景象。此地对研究景德镇的陶瓷文化史、工艺史等都具有重要的史料价值，像这样大型的堆积层丰富的古代窑业遗存，在国内外实属罕见。

自宋代起就有关于湖田窑的文献记载，20世纪40年代初英国学者又将它介绍到欧洲，并产生了较大的影响，成为世界著名的瓷窑遗址。正因如此，江西省人民政府于1959年把它列为省级重点文物保护单位，1982年被列为全国重点文物保护单位。这是全国最早也是当年唯一的古瓷窑遗址国家级保护单位，是景德镇列为全国历史文化名城的特殊标志之一。

2. 湖田古瓷窑遗址陈列馆 >>>

湖田古瓷窑遗址陈列馆建于1984年，馆内陈列着许多该窑址出土的器物和标本。如五代时期生产的是灰胎青瓷和白胎白瓷；宋代生产的品种繁多的白胎影青瓷。

元代是我国陶瓷史上承前启后的重要时期，制瓷工艺在宋代的基础上又有提高。湖田窑创制了至今仍享有崇高声誉的青花瓷、釉里红和卵白釉枢府瓷，从而结束了我国陶瓷史上单色釉的格局，将景德镇乃至全国瓷业生产推向色彩缤纷的崭新世界。湖田窑的明代产品，有青花与纯白釉两类，品种多为碗、盘、杯。由于湖田窑出产的影青瓷曾居市内诸宋窑之冠，元代的枢府器与青花器都登上了当时制瓷业的顶峰，因此它在中国陶瓷史上书写了灿烂的篇章，占有极重要的地位。

湖田窑遗址保护区域内，除遗存大量的堆积瓷片和匣钵外，主要遗址还有板栗园宋元制瓷作坊、明代葫芦窑和马蹄窑遗址。

3. 板栗园宋元制瓷作坊遗址 >>>

板栗园宋元制瓷作坊遗址是1995年由江西省考古研究所发掘出土的，它填补了景德镇古代制瓷作坊遗址保护与展示的空白，为研究宋、元、明时期制瓷工艺以及陶瓷生产、社会结构等提供了宝贵的实物资料。

这里展示了保存完好的练泥地、蓄泥池、匣钵墙、水井、坯车基脚等重要制瓷作坊遗迹，能让参观者了解当年陶瓷生产的程序和盛况。

4. 明代葫芦窑遗址 >>>

葫芦窑是明代中叶民间烧制青花瓷的窑炉，因其形如葫芦而得名。此窑形体不大，窑长8.4米，东壁已倒塌，西窑壁及窑床、火膛、灰坑保存较好。腰部内折，分前后两室，前宽后窄，前短后长，是古代龙窑演变而成。明代的宋应星在他的名著《天工开物》中有这类窑炉的记载与插图，清代的《南窑笔记》书中也有“窑如卧地葫芦”的记载。该窑址的发现，对研究陶瓷工艺史、建筑史、窑炉演变史等具有重大价值。

5. 明代马蹄窑遗址 >>>

这座窑炉位于湖田乌鱼岭之巅，也是明代中期烧制青花瓷的窑炉，因形似“马蹄”而得名。该窑炉结构较完整，有窑门、火膛、窑床，后壁底部排列着6个烟道，联通后壁烟室的夹层历历在目。窑炉装烧后，火焰自火膛先喷向窑顶，然后倒向后壁窑底，再从匣柱间流过，烟气自烟道进入烟室而排出窑外，所以是半倒焰式窑炉，它由北方的馒头窑变化而来。此窑由于体积小，只设有隔墙烟室而无独立烟囱，所以抽力不大，升降温度慢，烧成时间较长，但因其容易控制，适于烧制厚壁器与胎釉中含钾较高的瓷器。

6. 三宝陶艺村 >>>

三宝陶艺村比邻湖田古窑遗址，以独具风姿的三宝蓬瓷石矿区为主体。环顾四周，只见青山扑面，林木葱郁，溪水淙

三宝国际陶艺村

三宝陶瓷研修院

淙，碓声起落，显现这块山间洼地田园与矿区相糅杂的特色风貌。这周围的南山丘陵蕴藏瓷石，开采的瓷石经水碓舂捣成制瓷原料。这此起彼落的水碓，几百年来就这般日夜不停地劳作，源源不断地为湖田窑和整个市区的作坊提供原料。湖田窑闪光史册里，自然应该有它的位置。

陶艺村内建有一座陶瓷艺术研修院，修建的目的：一是为这著名的瓷石矿区留下个有纪念意义的建筑；二是为中外游客以及学习陶瓷的学生提供实践的基地。这里的多间仿传统的制瓷作坊，可以用来进行练泥、拉坯、利坯、施釉、彩绘等工序的操作，并有工人师傅在旁指导，不少游客也参与其中。除陶瓷艺术研修院外，各类规模大小不一的陶瓷作坊也相继迁来此地，俨然成为传统制瓷工艺的“守护神”。

这里还有按古老的“镇窑”模式建造的窑房，从作坊里生产出的瓷坯，将在这窑房里焙烧成洁白晶莹的瓷器。像这种结构的“镇窑”，在全景德镇至今只有3座。另外两座分别在古窑瓷厂和彭家弄。此地因其风景优美和优越的制瓷条件，吸引了许多中外陶艺家来此圆梦，成为远近闻名的“陶艺村”。

（二）三间庙历史文化街区

三间庙历史文化街区位于景德镇市西北郊的昌江区竟成乡三间庙村北侧，主要由三间庙正街及刘家弄组成，东临昌江，傍水运码头，在民国以前是景德镇近郊最大的农副产品贸易集市点，也是景德镇老城区的北方门户。

三间庙古街

三间庙正街，全街长231米，宽4.5米，最宽处达5米。街面中央由麻石条顺街道走向铺垫而成。临街建筑绝大部分为清代中晚期的商铺、民居，还有一座庙宇（忠洁侯庙）和栅门。其中，13号“大华杂货”点，建筑形制规整，保存较好；东街口古栅门，东与码头相连，为窑砖砌拱券门，券门上方镶嵌一长方形青石匾额，上有横排题刻空心四个大字“三间古栅”和竖排“光绪三十四年（1908年）六月合街同立”十二字。三间庙码头由长条花岗岩砌成人车双道，人行道为台阶，车行道为坡道。根据相关资料和条石磨损程度推测，约建于明代早中期，此后不断修缮。据《浮梁县志》载，清代康熙间有4艘主船往返于里市渡与三间庙间。20世纪30年代最繁忙时有13艘义船往返。直到新中国成立初，由于九江、鄱阳、都昌等地公路交通已畅通，三间庙的石码头才从繁华喧闹中逐渐冷落至今。

（三）荷塘生态旅游区

荷塘生态旅游区位于景德镇荷塘乡童坊村，由景秀旅游开发有限公司投资2200万元开发建设，是一个以乡村旅游为主题的生态休闲观光和户外挑战体验的旅游景区。景区由生态漂流、森林探险、红色爱国主义教育和青少年素质教育四部分组成。

1. 生态漂流 >>>

荷塘生态旅游区漂流

漂流全程为2.2千米，沿途风景秀丽，景色怡人，水流时缓时急，河岸两边多数地段都有大树掩映，青翠欲滴，给人一种既清凉又美好的感觉。由于水位高差不是很大，特别适合全家出游。

2. 森林探险 >>>

森林探险又叫丛林穿越，是一项具有探险性质的绿色户外健康运动。在原始森林里利用林间树木的空隙，搭建各种难易

荷塘生态旅游区丛林穿越

不同、风格迥异、超强刺激的关卡，体验者从中可以感受高空坠落与自由滑翔的快感，以及树上攀爬与林间穿越的刺激。现在的人们长时间生活在喧嚣舒适的大都市里，难得找到一片幽静的富有生存挑战性的森林。因此，在节假日来到这里，通过回归自然、穿越丛林的方式放松心情，是一个很不错的休闲方式。

3. 红色纪念塔 >>>

荷塘是革命老区，通过参观红色记忆馆和农垦旗帜馆，可以让我们缅怀革命先烈的事迹，传承革命先烈的遗志。

荷塘革命烈士塔

5. 青少年素质教育 >>>

集消防演练、地震逃生演习、高楼逃生、野外生存训练等综合科目于一体，对青少年进行素质教育和训练，以锻炼学生们的意志力，帮助他们建立团队精神。

（四）冷水尖上半空寺

冷水尖坐落在景德镇南郊，距市区7千米，位于昌江区鱼山镇与荷塘乡西部交界处，环绕在风景秀丽的岚山山脉——飞凤岭之中。

冷水尖上的半空寺

冷水尖竹桥

- **地址：**昌江区鲇鱼镇礼城村
- **开放时间：**7：30–17：30
- **交通：**里村乘坐21路车至冷水尖景区，票价为1元
- **门票：**15元
- **电话：**0798–2691118

冷水尖上的半空寺海拔达731米，寺中的泉眼终年喷涌不断，传说是由仙人铁拐李用拐杖点化而成的。由于泉水中的矿物质十分有利于人体健康，传闻古时候有个别身患重病的人饮后竟神奇康复，故被人们视为“仙水”，以至于到半空寺求取“仙水”的人络绎不绝，因此冷水尖还被称为“神山”，信徒、香客无不神往。当人们沿着千层云梯登上山巅，大自然的俊秀美景尽收眼底。巡视四周古色古香的庙宇亭阁和群体雕塑，令人叹为观止。身处此山犹如进入人间仙境、世外桃源，不仅能够饱览山川秀色，而且能使心灵在大自然中得到净化和升华。

此山树木成林，林中小鸟长鸣，一条青石铺设的千层梯迤逦而上，直指蓝天。群山葱郁中的庙宇，霞云簇拥，香火飘摇，朝拜者川流不息，求净水者络绎不绝，充满美妙神奇色彩。山因绿意而翠，水由流动而清，万般风情尽在青山绿水之中。群山环抱中的竹亭，犹如嵌在山间的仙阁，在此下棋、饮茶、娱乐，别有一番情趣。

（五）丽阳古窑

丽阳古瓷窑遗址位于景德镇西南21千米处，昌江区丽阳乡彭家村和丽阳村之间的瓷器山西坡和碓臼山南坡。2005年7月中旬由故宫博物院、江西省文物考古研究所和景德镇市考古研究所联合组成的考古队，对丽阳古陶瓷窑址进行考古发掘，发掘面积达820平方米，发掘出明代葫芦形窑一座、元代龙窑一座，出土了元代青瓷、宋元青白瓷等一大批弥足珍贵的器型，具有重要的艺术价值。2006年6月，在省文物局和昌江区政府的大力支持下，建成两座简易保护棚。2006年12月30日，经景德镇市政府颁布为市级文物保护单位。

徜徉在丽阳古窑址，静听岁月的回声，双手合十，你已走过千年。

（六）月亮湖

月亮湖地处景德镇市西城区，距新建的206国道、景鹰高速及正在建设的南环高速公路1-1.5千米，景区交通便利。“国家水利风景区”评审会议审议并表决通过了第七批国家水利风景区，景德镇市昌江区月亮湖水利风景区被评为国家水利风景区。库区资源丰富，水库总库容为1980万立方米，集水面积达76.8平方千米；周边山林面积为733万余平方米，其中有天然林506万余平方米、人工林226万余平方米；湖畔有水田140万平方米、旱地33.3万余平方米。库区水面开阔，水面面积达到2050亩，库区水面直线长度为4000多米，湖区宽320-520米，水深2-6米，适宜皮划艇、摩托艇、滑水等水上体育运动。

月亮湖四周山峦起伏，湖面碧水粼粼，青山绿水相映生辉。湖区属暖温带常绿阔叶林区域，植被覆盖率高，分布了许多有观赏价值的植物，如桂花、杜鹃、紫藤、茶花、八角枫、蜡梅、毛竹、椐竹树、刚竹等，湖面曲线变幻，水中点缀小岛，是一个理想的水上游乐胜地。每当闲暇时，游客们就聚在湖面的小木房里垂钓，水底的鲤鱼、鲩鱼、鲢鱼不断咬饵上钩，人们开心的笑声在湖面久久回荡。

四 多彩乐平

（一）乐平怪石林

怪石林景区“石猴观海”

怪石林风景区（国家AAA级旅游景区；省级AAAA级旅游点）位于乐平市众埠镇镜内，该风景区包括怪石林景区，石林迷宫景区、水帘洞景区和花果山农业生态景区，亿万年的地质演变，远离尘嚣的自然生态，造就了怪石林玄怪绝妙的自然景观。

1. 怪石 >>>

怪石林景区“鼠鸽情”

怪石林景区奇石遍布，形态万千，仿佛叙述着一个个美丽的传说：“骏马迎宾”“骆驼石”“天马行空”“三星高照”“魔鬼石”“猛蛇当道”“如来戏悟空”“望夫石”“济公云游”以及“十二生肖系列石”等，无不惟妙惟肖。

2. 怪洞与天坑 >>>

怪石林风景区奇洞怪穴广为分布，其中有一处叫“强盗岩”的洞穴，幽深神秘，引人入胜，而风门口的天坑，则是当今世界上知名的78个天坑之一，坑内植被茂密，深不可测。

3. 怪水 >>>

怪石林景区有一处神奇的潮水岩，涨潮时有20多个泉眼同时飞珠溅玉，喷出泉水，形成一道壮观的水帘。据当地村民说，一般在涨潮后3天之内必有雨，否则就会遭遇大旱，形成此种现象的原因，至今是个谜。

★ **地址：** 乐平市众埠镇文山分厂
开放时间： 8：00–16：00（冬季），7:00–17:30（夏季）
交通： 自驾车或报团队旅游
门票： 60元
电话： 1387101666、15879301866、15107985688

（二）水帘洞

“水帘洞”原名叫樟古岩溶洞，距离怪石林风景区3千米，是目前为止华东地区最大、最神秘的地下河溶洞。整个景区幽静神秘，天然古朴。洞内水流潺潺，奇石峥嵘，欣赏着这些原生态的景观，会让你有一种真正回归大自然的美好感受。

水帘洞外，一径幽深，青山满目；峭壁千仞，飞瀑轰鸣。洞口，一股清泉从高达100多米的崖顶奔泻而下，飞珠溅玉，震耳欲聋，气势恢宏，蔚为壮观。看那瀑布，好似金蛇狂舞，更像蛟龙出海，正以自己不可抗拒的力量一往无前。那狂泻而下的清泉，像一把把金光闪闪的利剑直刺崖底。瀑布的轰鸣，既如战马在嘶鸣，又如雄狮在怒吼，与洞内的幽深静谧正好形成鲜明的对比。

怪石林“水帘洞”

怪石林“水帘洞旭日东升”

“水帘洞”内，溪水清澈，河道幽深；化石硅木隐隐现，钟乳奇石满眼来。奇石千姿百态，气象万千。它们或惟妙惟肖，或玲珑剔透，或像人神，或如禽兽，鬼斧神工，令观者深深叹服。水帘洞荟萃了大自然的形态美、动态美、色彩美、声音美和神秘朦胧美，具有新、奇、灵、秀、幽、险等特点。“水帘洞”正在申报国家AAAA级景区，建设之中的二期洞内漂流更是国内少有。

（三）古戏台

乐平有“中国古戏台博物馆”之美誉。乐平市现有古戏台414座，占江西全省古戏台总数的3/5以上。它们灿若星辰，遍布全市农村各地。其中，明清两代的古戏台有80余座，民国年间的古戏台有60余座。

戏台绝大多数为三间四柱式，或再增加两间侧房，也称陪房，为5间。戏台中堂后屏壁，将前台与后台相分隔。后屏壁两侧为“出将”“入相”的演员出入通道。每侧为一度门、二度门或三度门。采用二、三度门者，多建有采用阶梯平台，如现代舞台的侧幕或边幕。

乐平古戏台大抵可分为会馆台、宅院台、庙宇台、万年台和祠堂台5种类型。

乐平古戏台实在太多，不可能一一尽览，在了解乐平古戏台的历史沿革、分布规模、选址依据、平面布置、立面形象、属性类型和基本结构等总体概况后，再摘其几朵，窥斑见豹。

1. 浒崦村古戏台 >>>

浒崦村古戏台是乐平市祠堂台的经典之作。它始建于清同治十二年（1873年），建筑面积为2400平方米，为晴雨双面祠堂台，由戏台、看台和名分堂三部分组成。名分堂为程氏宗祠，那是旧时宗族长老祭祀和执行族规家法的场所，同时也是雨天看戏的地方。建时募集能工巧匠70余人，历时3年方得竣工。该台晴雨两台相背，晴台前辟露天广场，场地平坦开阔，

乐平古戏台

可容纳三四千人左右。戏台上方的油梁，遍饰文武天官浮雕。油梁之上的狮子枋是一组象征天下安定的“九合一匡”浮雕——“九狮过江”。一条飘逸的丝绸，连着九只不同神态的雄狮。台面上方中央是魁星点斗的木雕，其下左右两侧为刘海戏金蟾木雕。飞金上漆的台面，洋溢着一派安定祥和、生气蓬勃的气氛。晴台雨台中的椭枋、穿插枋、门、窗、壁、叉手等构件均饰古典戏文，如“蟠桃会”“三英战吕布”“三战樊梨花”“昭君出塞”“打金枝”等，刻有罗汉观音、狮虎麒麟和花鸟等雕镂，总数为108组。这些构件雕塑，匠心独运，工艺精湛，是建筑者智慧的结晶，也反映了台主的审美情趣。台内外雕图案中，镶嵌着无数玻璃小镜，乍一望去，宛若夜空中群星闪烁，如梦如幻。浒崦祠堂台经江西省人民政府批准，已被列为省级重点文明保护单位。

2. 坑口古戏台

坑口村与浒崦村毗邻，并列在206国道南侧，是个拥有700多户，近2600人口的大村坊。清道光二十五年（1845年）兴建了一座祠堂台，后因部分构件腐朽，遂于1986年由村民集资重修，先后从本地和外地募集、延聘了数十位能工巧匠参与其事。经过近一年时间的精工细作，完成了重修工程。

和浒崦祠堂台一样，坑口祠堂口的设计，在平面布局、立体形象等方面基本相似，也是由晴台、雨台和祠堂三部分组成，形成四环形庭院建筑。值得一提的是，浒崦祠堂台在重修过程中，借鉴了坑口村原台的许多长处，而坑口人重修祠堂台的过程中，又回过头来从浒崦祠堂台中吸取了不少优点。如狮子枋，主题图案虽然都是“九狮过江”浮雕，但坑口祠堂台的“九狮过江”浮雕，却“青出于蓝而胜于蓝”，使九只雄狮更加栩栩如生，雄姿英发。坑口祠堂台的中央藻井，较之浒崦祠堂台的中央藻井多出两层，直径也比它长0.3米，使得藻井更显气魄，更具韵味。台面所有雕、雕镂全部上漆飞金，给人以浓抹重彩、金碧辉煌、雍容华丽、古朴典雅的视觉感。据当时主持重修工程的当地古建土专家黄林生回忆，坑口祠堂重修时使用的黄金达到1.9千克之多，堪称“浓墨重彩”的经典之作。

（四）洪岩仙境

洪岩仙境风景区距景德镇市区约80千米，距乐平市区42千米，毗邻婺源、德兴两县市，是国家AAAA级旅游景区、江西省重点风景名胜区、省级森林公园。

这里层峦叠翠，山明水秀，空气清新，环境幽雅。其中独秀峰、天井岩、铁井飞泉等景观，千姿百态，惟妙惟肖，尤以“洪源仙境”最为引人入胜。洪岩仙境系中生代时期形成的石灰岩溶洞，洞室全长1620米，最高处约70米，最宽处达80米，洞室总面积为8万平方米，洞体宽大，雄伟壮观，尾岩幽深曲折，洞内恒温宜人，洞中石柱、石笋、石花、石钟乳遍布上下，错落有致，晶莹绚丽，美不胜收。大自然的鬼斧神工，生

洪岩仙境景区“状元拜塔”

洪岩仙境景区“擎天柱”

成了各种景象，仪态逼真，形威神似，栩栩如生。洞中有被誉为神州四绝的“九天飞瀑、震天雷、仙人田、水中天”，有38米高的擎天柱，以及金银山、壮元拜塔、丹凤朝阳、龙门、金钟宝塔、仙人献指、绣花楼；有造型奇特、惟妙惟肖的人面狮身、唐僧取经、观音坐莲、倒挂金龟、诸葛亮看兵书、观音送子、金鸡报晓、托塔天王、南海观音、姜太公钓鱼、仙鹰、神龟、浴佛、珍珠泉、凤凰池、水晶宫、水帘洞、瑶池、西海龙宫、莲花池、万里长城等令人心旷神怡的景物。

地址： 乐平市洪岩镇
开放时间： 08：00–16：30
交通： 自驾车或报团队旅游
门票： 81元
电话： 0798–6318006、6318236

景区内还有众多的人文生态景观，有南宋风节名臣、史称“第二苏武”的洪皓的故里——洪岩村，以及为纪念洪皓而建的忠宣湖，碧波荡漾，垂柳依依，群鱼戏水，是划船垂钓的好去处。

（五）红十军建军旧址

红十军建军旧址位于乐平市与弋阳县交界处的众埠镇界首村，系全国爱国主义教育基地。旧址建筑面积近300平方米，系清代民居风格，陈列了照片、图文等珍贵历史资料，再现了红十军创建、巩固和发展革命根据地，保卫中央苏区，掩护中央红军主力战略大转移，推动全民族的抗战和民族解放的光辉历程，是缅怀革命先烈丰功伟绩和进行爱国主义教育和革命传统的好场所。

（六）洪皓纪念馆

洪皓纪念馆位于乐平洪源仙境所在地的峁山洪源村炮台山，这里是南宋风节名臣、史称“第二苏武”的洪皓的故里。纪念馆建筑面积为1070平方米，系庭院式布局，宋代民居建筑风格，粉墙青瓦，古朴典雅。祠前的忠宣湖水面面积达2.6万余平方米，深2米多，碧波荡漾，垂柳飘曳，群鱼戏水，是划船垂钓的好去处。洪皓及其三子（洪遵、洪适、洪迈）文史学说建树颇丰。洪皓所撰的《鄱进集》《松漠纪闻》，洪迈所撰的《容斋随笔》等对现世影响颇深，也是一代伟人毛泽东一生珍爱的经典史籍。

（七）马廷鸾公祠

马廷鸾公祠位于乐平市众埠镇楼前村马廷鸾故里。建设面积为13.3万平方米，内置了马氏雕像及部分遗迹。马廷鸾为南宋右丞相，其子马端临在我国史学史上建树颇丰，其所撰《文献通考》乃鸿篇巨制。1996年10月，泰国马氏宗亲总会广东潮汕地区马氏后裔谒祖团代表出席了在乐平市隆重举行的洪皓马端临国际学术研讨会暨中国历史文献研究会第17届年会，之后出资数十万元重修马廷鸾公祠，为后人留下了凭吊先贤的胜迹。

打开景德镇市地图，人杰地灵的“瓷都”像一个高结云鬟的女人头影。而她，的确又是一位伟大的母亲，不仅孕育出千千万万勤劳智慧的优秀儿女，同时还孕育了亘古掠今的优秀地域文化，尤其是号称中国第五大发明的瓷文化、闻名天下的茶文化、物华天宝的饮食文

CHAPTER 4

淘宝瓷都

——购物天堂

化，还有十分丰富的土特产。来到景德镇，您会像一叶扁舟畅游于瓷的海洋、挥桨于茶的绿涛、行进于川流不息的饮食文化之中。而一个个精美敞亮的商铺、一条条街巷里弄，都会让您拥有如同走进了天堂、游遍了世界之感——五彩缤纷、琳琅满目、目不暇接。

一 购物天堂

（一）陶瓷商城

在这片热土上，现有的陶瓷商城特别多，在此仅介绍城区与市郊数家规模较大的航母型的陶瓷购物商城。

1. 金昌利陶瓷大市场 >>>

金昌利陶瓷大市场是“瓷都”20世纪90年代一个专业陶瓷大市场，也是“瓷都”最早的室内精品陶瓷市场，被誉为陶瓷文化与陶瓷艺术窗口，现聚集数百家陶瓷商户，集珠山画院、珠山陶吧、中青年长廊、百家中青年展示中心、民间艺术创作研究中心为一体。市场内经营的陶瓷五彩缤纷、琳琅满目，有陈设瓷、日用瓷、仿古瓷等。陶瓷商品种齐全，涵盖12个大门类、3000多种器型、近万种花面。该市场曾获江西省工商行政管理局授予的“江西省文明市场”，江西省旅游局颁发的“涉外旅游定点单位”“景德镇市消费者信得过单位”等荣誉称号。

金昌利陶瓷大市场

★ **地址**：景德镇市珠山中路2号

2. 景德镇国际商贸广场 >>>

景德镇国际商贸广场

景德镇国际商贸广场简称“国贸”，位于莲社南路与广场南路交汇处，南北贯通。该市场东面为三层复式楼群样式，西面为二层复式楼群样式，外观呈中西建筑结构特色。一楼大部分商铺为陶瓷零售兼批发，二楼多为从事仿古和古玩陶瓷零售及陶瓷包装。这里是老城区面积最大的专业陶瓷市场，陶瓷品种十分丰富，瓷器不仅来源于本地，还来自全国各大产瓷区。广场平日里生意相当火爆，具有品种齐全、物美价廉、信誉良好、任客挑选等口碑与优势。

★ **地址：** 景德镇市珠山区解放路152号

3. 陶瓷大世界 >>>

陶瓷大世界位于莲社北路与莲花塘接壤处，是陶瓷企业改制后产生的一个品位较高的艺术陶瓷专业市场。这里有200余家店铺，入住了13位国家级大师、16位省级大师、60位省高级工艺美术师，另外，一些教授和

陶瓷大世界

工程师也在这里设立了艺术创作室或工作室。其显著特点是：以前店后坊的经营方式传播陶瓷文化，进行艺术创作。进驻陶瓷大世界的陶瓷工作者，大都是永久性自购店铺作为工作室。在陶瓷大世界打造之前，这里曾是景德镇新华瓷厂旧址，该厂创建于1965年3月。更早之前，这里被称为新平瓷厂，是定点生产民族用瓷的陶瓷厂，也是景德镇第一家开发炻瓷的厂家。

★ **地址：** 景德镇市珠山区莲社北路144号

4. 中国陶瓷城 >>>

中国陶瓷城

位于西市区黄金地段，南倚迎宾大道，西接九景高速，东临客运总站与北环路，北望机场，交通便利、四通八达。市场占地面积达上千亩（约67万余平方米），建筑面积达20多万平方米，规模庞大、气势恢宏。市场分为名人名作、雕塑、陈设、仿古、作品、综合、日用瓷七大经营区域。它集各地陶瓷精品之大成，既是诸省市旅游机构最受欢迎的购物市场，也是目前全国规模最大、规格最高、品种最全、价格最低的陶瓷经营专业市场。

★ **地址：** 景德镇市迎宾大道55号

5. 锦绣昌南中国瓷园 >>>

园区位于景德镇迎宾大道西端，与紫晶路、石岭大道接壤，园区店铺呈现徽派古建筑风格。环境优雅，交通便利，配套齐全，是西大门进入景德镇第一道靓丽的风景线。园内有2000平方米的景德镇百年陶瓷精品馆，展示了富于时代气息的中青年陶瓷作品；有专门为旅游服务的商场陶瓷购物中心；还有供游客参观并能亲身参与制作的陶吧。从正大门进入，一座形似北京天坛的千禧瓷坛耸立在园区中央。该瓷坛占地3000平方米，分上、中、下3层。在上部中央4个不同方向的幕墙上耸立着中国独一无二的瓷塔，塔的临街面竖立着瓷园雕塑“窑神”。这里还定时举办祭窑神大型民俗活动，瓷坛底部——偌大的超市商场是旅游者的购物天堂。

中国瓷园题词

★ **地 址**：景德镇市迎宾大道368号

6. 昌南之窗 >>>

昌南之窗设有“陶瓷精品鉴赏”“日用手工精品”“陶瓷大师创作”“仿古陶瓷精品”“陶瓷学员创意”等区域，是景德镇市重要的对外文化展示、交流、接待中心。

★ **地 址**：景德镇市迎宾大道26号

7. 华阳国际陶瓷市场 >>>

华阳国际陶瓷市场位于广场南路与马鞍山解放路交会处，是全市最繁华的地段。华阳陶瓷市场由两期建设工程形成，一

期为二层连体建筑构造，一楼多为个体商铺及中青年艺术创作室、个体陶瓷批发兼零售商店，二楼为旧货、古玩市场。二期工程完毕后，新建的陶瓷市场为高层主体酒店群楼。合并后的两期工程改名为“华阳国际陶瓷市场”。该市场是中青年艺术作品云集的地方，陶瓷艺术门类十分繁多，山水、人物、花鸟、走兽一应俱全，不同器型更是五花八门、款式新颖，花瓶、瓷板、瓷盘、瓷缸、瓷钵、瓷筒琳琅满目，让人流连忘返。华阳古玩城店铺主要分布在回字形的二楼，约有上百家，大多是综合类的瓷器小店，也有一些仿古瓷、玉石翡翠、新中国成立后名家陶瓷作品和书画的专卖店。

★ **地址：**江西景德镇人民广场南路1号

8. 景瀚陶瓷广场 >>>

景瀚陶瓷广场位于广场南路繁华地段，沃尔玛购物广场对面，毗邻国贸陶瓷大市场。景瀚陶瓷商场系景翰大酒店裙楼部分组成，陶瓷商场面积为3.1万余平方米，主楼建筑高99.8米，是景德镇市一个标志性建筑。裙楼为大型陶瓷商场，采用现代装修风格，集日用瓷、艺术瓷、装饰瓷等为一体，全方位、多品种、多花色，富有浓郁的陶瓷文化内涵。

★ **地址：**景德镇市广场南路26号

9. 莲社路陶瓷大市场 >>>

陶瓷大市场内含新建“红店街”陶瓷片区市场。它北起莲花塘市委大院，南与国贸陶瓷大市场接壤，全长1036米，是一条纵贯南北的街道形陶瓷大市场，同时又是与陶瓷大世界、金昌利、国贸陶瓷大市场相互串接的一条非常特殊的陶瓷繁华商业大街。因为其市场横贯珠山中路，客观上又被划为北路和南路两个地段。北路主要经营艺术陶瓷和部分日用瓷，南路主要经营日用瓷和部分艺术瓷。在20世纪八九十年代，南路路旁布满个体经营瓷器的地摊，每当入夜后，夜市十分热闹，因而被人们称为“新瓷器街”。此后，市场进一步规范，现调整为沿街门店含金昌利部分外围商店。这里陶瓷质优价廉、品种齐全，又有厂家直供为支撑的营销特色，是旅游购物的理想场所。北路是现代艺术陶瓷商铺云集的街道之一，拥有大量老、中、青陶瓷艺术作品，既为陶艺家们的创作室又是作品销售的窗口，品种繁多、花样齐全。

★ **地址：** 景德镇市莲社路

10. 红店街 >>>

“红店街”毗邻莲社北路。新中国成立前，“红店”是画瓷和售瓷的场所，画瓷工被称为“红店佬”，画瓷被称为“画红”。“红店”文化古已有之，源于元代，萌于明代，盛于清代，是景德镇独有的、极具本土特色的陶瓷文化，在全国乃至全世界都是独一无二的。其代表人物是“珠山八友”，代表企业是艺术瓷厂。

现在的“红店街”是在原有艺术瓷厂、里弄房屋的基础上进行房屋改造，以明清青砖灰瓦“窑派建筑”风格为主，打造一条从拉坯、手绘、填色、烧炉到包装销售全部一应俱全的“前店后厂”式“原生态”粉彩制瓷一条街。当我们走在铺满青石板、垫着窑砖头的“红店街”弄堂里时，犹如走进了历史的时光隧道，老招牌、老字号林立，到处是“红店作坊”“红店佬”，演绎着粉彩陶瓷艺术的独有魅力。

★ **地址：** 景德镇市单栅门1号

11. 地王大厦陶瓷商业中心 >>>

商业中心以双子塔式的构造成为目前景德镇建筑地标性的名片，是一座高级别、高档次的陶瓷创意城，也是一座规模巨大、现代商业气息最浓的一站式陶瓷专业市场。它集购物、酒店、商务、办公、娱乐、休闲、度假、社交八大功能为一体，总面积近8万平方米，由地下、裙楼、塔楼三大部分组成。它吸引了一大批陶瓷品牌企业及商家、陶瓷艺术家入驻，是景德镇精品瓷、高档瓷和艺术瓷的一个理想的购物天堂。

★ **地 址：** 景德镇市人民广场南横路

12. 曙光路古玩市场 >>>

古玩市场是集古玩、陶瓷艺术的一个新兴大市场。市场每周六、日两天提供早市地摊。开市以来，已进驻古玩经销商600多户。商户们每天在此展出各种千姿百态的古玩品种，传播千年瓷都古老的文化和信息。目前，古玩市场已成为购物者的理想购物场所。

★ **地 址：** 景德镇市曙光路东段

（二）陶瓷产销集散区

在景德镇，陶瓷集散地为历史背景下自然形成的，也有后者由政府主导与开发建设形成的。这里主要介绍当前几个规模较大的陶瓷集散地。

1. 新都民营陶瓷园区 >>>

地处景德镇高新工业园区北侧，并已成为一个以陶瓷为主

新都民营陶瓷园全景

打产品的工业区域，由成片个体陶瓷作坊和商铺组成，具有前店后坊、生产、销售一条龙的特点。陶瓷生产的品种主要有：陶瓷乐器、骨瓷餐具，高、中档茶具，仿古电磁炉陶瓷煲，商务礼品瓷，艺术、陈列瓷，还有独具特色的陶瓷灯，陶瓷大花瓶，瓷板画，卫浴台盆、面盆，古色古香的数控陶瓷创意酒瓶，仿古瓷，陶瓷工艺品，陶瓷个性茶具，玲珑袖珍的陶瓷首饰、陶瓷雕饰品等。这里的瓷产品可零售可批发，因其商品物美价廉而成为人们旅游购物和集中采购的理想圣地。

2. 浮梁陶瓷工业园区 >>>

该园地属景德镇西北门户，面积为27.4平方千米，规划面积为10.4平方千米。园区以陶瓷产业功能为主导，规划了4个重点产业园，即高新技术陶瓷产业园、高档日用陶瓷和陈设艺术瓷产业园、精品建卫陶瓷产业园和LED产业园。园区积极打造高附加值陶瓷产品，形成以高新技术陶瓷为核心竞争力，以传统日用瓷、陈设艺术瓷为主体，以陶瓷文化创意为特色，以建卫陶瓷及相关配套产业为补充的生产基地。目前，陶瓷工业园区已累计引进企业100多家，其中有神飞特陶、同惠电子、正宇奈米、兴勤电子等高技术陶瓷企业25家，金意陶、乐华、特地陶等精品建卫陶瓷企业8家，法蓝瓷、望龙、隆祥、三雄、博大、吕艺、宝瓷林、广龙等高档日用瓷、艺术瓷及陶瓷相关配套企业72家，有境外企业9家。

3. 老厂陶瓷一条街 >>>

地处东二路“老厂路”的数百米地段，昌江广场和宇宙瓷厂职工宿舍区之间。“老厂”是景德镇的一个地名，主要由一条几百米的街道形成，是典型的“釉料一条街+作坊村”。这里几乎每天都有窑火燃烧，衍生出景德镇一个又一个知名的陶瓷品牌。过去，老厂作坊以生产低档瓷为主，以手工密集型劳动为主，环境也不够理想，但是如今的老厂变化不小，不少新兴陶瓷店铺已经成为主力军。在这里分工非常详细，瓷泥的提供有专业制泥作坊，做坯的有专业拉坯作坊，在釉上、釉下作画的，可以具体到某些陶瓷种类。若是在老厂里面转一转，各种陶瓷工序都能被发现，甚至像做模种一类最初级的工序都能毫不隐藏地显现，更别说什么吹釉、做坯、注浆以及最具艺术气息的陶瓷绘画。对旅游者来说，这是一个了解景德镇、了解陶瓷文化和购物的理想之地。

4. 曙光陶瓷一条街 >>>

以原曙光瓷厂为中心，东至曙光路加油站，西至太白园，南至小巷咀的丁字形街区。从东往西，两旁宽约20米的街道上密集着几十家陶瓷店铺，品种繁多。餐具、茶具、瓷桌、瓷礅、瓷生肖等一应俱全，加上原曙光瓷厂部分厂区改制后，前店后坊的形式更为普遍。这里商业气息十分浓厚，交易火爆，是全市最具性价比的陶瓷批发与零售中心。从曙光瓷大门至小巷咀小学处，包括其中许多里弄都有很多前店后坊式的陶瓷个体户，从生产到批发、零售一条龙式流水作业，是全市一个比较典型的个体陶瓷生产聚集地。

5. 樊家井仿古一条街 >>>

樊家井位于景德镇马鞍山南麓与广场南路的结合部，原是昌江区竟成镇所辖的一个自然村。人口不足3000人，却因拥有500余家陶瓷作坊及店铺，以仿制历代瓷器而名声在外，一度被认为古代陶瓷赝品的发源地。其实，樊家井是诚实的，做陶瓷生意的人都以诚信为本。在每个店铺均可看到色彩明亮、底部写有官窑款的成批瓷口。但经营这些瓷器的商户们并不企图以欺骗攫取钱财，而是明白无误地告诉来人：哪些是高仿的，哪些是中档的，哪些是低档的，哪些是仿元青花、明成化斗彩、清三代青花的……他们还会将作旧方法一一介绍。在樊家井，偶尔也会出现临时摆地摊的，有些地摊上摆的瓷器中还可能是近代民窑真品。当然，须有一定专业知识与鉴赏的眼光的人才可惠及。而樊家井，无论如何，都是外来游客品玩古瓷，尤其是高仿瓷的理想的购物与收藏之地。

6. 建国陶瓷创意园 >>>

建国陶瓷创意园

创意园位于城市中心，与国家重点文物单位——御窑厂遗址仅一街之隔，与陶瓷大世界西大门隔街相望。园区设有艺廊、展厅、设计室、工作室、制作间、培训室、时尚餐饮酒巴等多元文化艺术空间。不仅能够满足艺术陶瓷创作成品的生产，还能为陶瓷艺术家提供艺术创作、交流以及艺术品交易的整套服务。重新定义、设计和改造后的“1949创意园”，集约了国内外知名艺术家、新生代艺术人士及文化艺术机构入驻。现签约的艺术家和机构达60余户。园区隶属的“镇当代国际陶艺文化中心”如同心脏，服务于已入驻的“客人”。自2012年8月底开始，该园还与市劳动就业局联手开辟创意集市，为大学生们创业提供了优良的平台。该集市为每周五、周六晚对外开放，极大地丰富了市民与外来游客的文化生活，成为外来游客、陶瓷爱好者淘宝的好去处。

7. 淘溪川 >>>

淘溪川

陶溪川国际陶瓷文化产业园项目是一个以景德镇陶邑文化发展有限公司为运作主体，集现代服务业和陶瓷文化创意产业于一体的重点项目。项目总投资65亿元，计划用地240公顷，其范围以朝阳路至珠山路东西方向延伸为轴线；以为民、宇宙、雕塑、景陶、建国、艺术等老城核心地段的6家城市老工厂为依托，构建“陶溪川”“学生村”“窑作群”“红店街”四大板块文化创意产业集群。

项目按照“高起点、高质量、高品位”的要求，遵循“工厂改造、功能再造、文化塑造、环境营造”的原则，秉持“开创一个创意时代，搭建一个战略平台，创造一个艺术殿堂”的战略理念，开创“陶瓷+X”的复合发展模式，打造全业态、全产业链的文化体验综合体。

项目以建成“世界艺术创意交流平台、国家文化复兴先锋示范区、江西特色旅游目的地和城市工业文明保护典范”为战略定位，力求达到“保护文化湿地，发展文化产业，推进城市建设，集聚八方人才”的目标。同时项目还涉及项目核心区老工厂棚户区5800户的搬迁改造工作，所以它又是一项民心工程和惠及民生的公益事业。项目工期约为5年，预计建成后将催生一个300亿元规模的特色文化产业带。

8. 老鸦滩个体私营产瓷区 >>>

老鸦滩个体私营产瓷区地处东郊里村花园毗邻东一路的深港处，因乌鸦和当年小河边形成的一片洲地而得名。就是这样一片城边僻静的地方，如今形成了现代瓷板和胎瓶生产的集散地，数十家大大小小作坊分布老鸦滩各个角落。尤其是瓷板的生产，虽然在景德镇其他地方也有零星几家，但像老鸦滩这样大的生产规模实属罕见。现在的老鸦滩无论技术还是规模都超过了原先水平，其瓷板尺度已突破了历史记录，可达3米以上。到各个瓷板作坊里转一转，可见压坯、踩坯、刨坯、吹釉、满窑等所有工序，基本都是由各生产商家独自完成。这里除了盛产白瓷板外，还有一些专门制作特艺陶瓷的作坊。

（三）陶瓷厂商

新中国成立以来，景德镇陶瓷生产主要以十大瓷厂为龙头，以大、小集体所有制生产厂为补充，走出一条规模化、自动化陶瓷生产与发展之路。随着改革开放的步子不断深入，“国退民进”的发展模式开始占有主导地位。其生产体制虽然变了，但厂区厂貌依旧，陶瓷生产的场景和窑火依然旺盛。为此，介绍陶瓷厂商的时候，必要的介绍仍然保留着原有厂区、承包生产的十大瓷厂，同时也在此介绍几家现已形成规模性的陶瓷生产厂商。

1. 红星瓷厂 >>>

该厂过去一直为高白釉瓷器主要生产厂，大批量地生产多种配件的中西餐具、日用器皿和高级陈设瓷。“玉燕牌”高白釉皮灯、壁灯和新彩54头西餐曾分别获轻工业部优质产品奖和江西省优质产品奖。当年的红星瓷厂在全市率先走出落后的手工操作，实现机械化、半机械化生产，产品质量、产量和成本都处于全行业上游。该厂现经过改制，退出国有机制，由私营个体业主替代，生产各种新型日用瓷和陈设瓷，还有一部分车间用于物流和瓷器包装。作为十大瓷厂一员，红星瓷厂的辉煌被很多人铭记，但昔日的繁华也被更多人忘记，在十大瓷厂逐渐淡出人们视野的同时，景德镇瓷业孜孜不倦追求创新的精神并没改变。

★ **地址：** 景德镇市中华南路13号

2. 红旗瓷厂

1952年该厂由137户私营制瓷厂(坊)合并联营，建立裕华、益民、永新、赣华、永和、新生等6个联营瓷厂。1956年，将6个联营瓷厂并为公私合营第六、第七、第九瓷场，共3个瓷厂。1958年，又将3个瓷厂合并，改名为红旗瓷厂。1960年，红旗瓷厂划分为红旗一厂和红旗二厂。第二年，红旗一厂改名为红旗瓷厂，隶属于江西省陶瓷工业公司。该厂主要以生产釉下彩和釉上彩各种中西餐具、茶具、酒具、咖啡具和各类单件碗、盘、杯、碟等日用瓷，精制各式花碗、薄胎碗、薄胎皮灯、挂盘等陈设瓷和展览瓷。产品营销全国各大城市中的宾馆、饭店，并远销欧美国际市场。1984年，新工艺釉下彩薄胎碗荣获全国优秀新产品金龙奖。1985年，年产瓷1707万件。现今，该厂经过改制退出国有企业经营机制，厂房车间全部承包给私营个体，生产经营各种不同器型的日用、艺术、陈设瓷等胎瓷。

★ **地址：** 景德镇市沿江东路156号

3. 红光瓷厂

该厂是生产青花玲珑瓷的专业化瓷厂，所产的各种“玩玉牌”青花玲珑瓷质地细腻、釉面光洁、晶莹剔透、青花娇翠欲滴，在陶瓷工艺美术中独树一帜。该厂于1981年和1984年曾两次获国家金质奖，其所生产的餐具、酒具、咖啡具等产品，畅销国内外。现今，该厂经过改制也已退出国有企业经营机制，厂房车间全部承包给私营个体生产经营各种不同器型的日用瓷、艺术瓷、陈设瓷、玲珑瓷。

★ **地址：** 景德镇市中华南路54号

4. 为民瓷厂

该厂于1958年开始筹建，原名国营高级美术瓷厂，1966年6月改名为景德镇市为民瓷厂，是景德镇新彩日用瓷出口重点企业之一。该厂产品既有景德镇瓷器的传统特色，又具有造型新颖别致、结构美观大方、花色明丽素雅、釉面光洁透明的特点。“高美牌”新彩金菊杯被轻工部评为全国日用陶瓷盖杯类第一名，并获1983年江西省优质产品奖和外贸荣誉奖。1984年获全国同行业质量优胜奖。1987年高铝质纺织瓷获江西省优秀新产品奖；1991年“高美牌”45头西餐具、15头咖啡具获第二届北京国际博览会金质奖。现今，该厂经过改制退出国有经营机制，厂房大部分都已经租赁给私营个体业主生产各种日用瓷、艺术瓷。往后，为民瓷厂又将重点建设景德镇陶瓷文化科技产业园，延续古代御窑到当代官窑的珍稀文脉，形成转型再发展的局面。

★ **地址：** 景德镇市新厂西路118号

5. 宇宙瓷厂

该厂始建于1954年，主要生产方向为日用瓷，1985年生产的“高岭牌”《红楼梦·十二金钗》艺术系列彩盘继承和发扬了传统特色，被国内外收藏家视为珍品，也为宇宙瓷厂赢得“中国景德镇皇家瓷厂”的声誉，仅1987年一年就创汇高达473万美元。继《红楼梦·十二金钗》艺术系列彩盘之后，还生产了“花鸟”系列彩盘、“紫金城”系列彩盘、“西湖故事”系列彩盘、“颐和园”系列彩盘，均被国内外收藏家珍藏。此外，1991年9月，“高岭牌”45头西餐具荣获国家银质奖。青花斗彩餐具、青花釉中彩茶具、咖啡具，多次被国家、省、部授予优质产品奖。《国徽瓷》餐具还被外交部指定为专供对外使馆接待外国元首、贵宾用瓷，成为对外交往的友好使者，为国家争得了荣誉。现今，该厂也经过改制退出国有企业经营机制，厂区依旧，厂房车间由私营个体业主承包，生产经营各种花色品种的餐具、茶具、花瓶等日用瓷、陈设瓷。

★ **地址：** 景德镇市新厂西路150号

6. 光明瓷厂 >>>

该厂是生产景德镇四大传统名瓷青花玲珑的专业厂家。青花玲珑瓷是青花装饰工艺与玲珑工艺巧妙结合的产物，距今有1000多年的历史，被国外客人称为“镶嵌玻璃的瓷器”。青花玲珑具有浓厚的东方特色，倍受西方人喜爱。1986年在德国莱比锡国际博览会上荣获国际金奖，之后又连续两次荣获北京国际博览会质量金奖。1989年光明瓷厂晋为国家二级企业，生产的青花玲珑瓷80%出口欧美、日本、东南亚等世界100多个国家和地区，每年出口创汇300多万美元。生产的青花玲珑陈设艺术瓷曾被作为礼品赠送给外国贵宾。现今，该厂经过改制退出国有企业经营机制，厂区一部分被开发成“国际华城”商住楼，另一部分被私营个体业主承包，继续生产经营以青花玲珑瓷为主打产品的日用瓷、陈设瓷。

★ **地址：** 景德镇市沿江东路166号

7. 雕塑瓷厂（跳蚤市场） >>>

地处东郊曹家岭，创建于1956年，为国家二级企业，国家旅游局等部委指定的全国旅游商品定点生产企业和国家环保局评定的全国环保先进企业。该厂产品以陶瓷雕塑为主，内有一大批老、中、青艺人，或采用家传技法，或融合现代精神，

或工于纤巧，或着力写意，或庄重典雅，或新奇险怪等，体现圆、捏、镂、浮雕及镶嵌创作手法，配合粉彩、青花、颜色釉、新彩装饰方式，生产品种繁多、状物传神的优秀作品。该厂在继续发挥传统人物、动物创新或创作优势的基础上，近几年又努力开发出仿古、捏雕、特艺瓷和艺术陶共六大系列、2000多个品种，争奇斗艳，琳琅满目，令人叹为观止。厂区内还设立周六大学生“跳蚤市场”，生意场面热闹非凡、交易十分火爆。1992年，该厂为发展工业旅游，在原有园林式工厂的基础上开拓建设了具有明清时期强烈地方风格的“明青园”一期工程，构筑成一组集生产、创作、陈列、接待、购物、休闲娱乐为一体的古建筑群。1994年通过“明青园”二期工程，扩建了国际陶艺中心、艺术陶瓷展示中心、名人作坊、陶瓷购物街等，实现了参观、鉴赏、购物、餐饮、娱乐、休闲、亲手制作等一条龙服务，充分展示了景德镇陶瓷文化特色。

★ **地址：** 景德镇市新厂东路139号

8. 艺术瓷厂 >>>

该厂始建于1958年9月，主要生产中、高级粉彩陈设瓷，产品销往东南亚和欧美等30多个国家、地区。建厂以来，该厂涌现出一大批陶瓷艺术创作拔尖人才，其中有市政府命名授予的“陶瓷世家”4家，市政府命名授予的“陶瓷美术家”15人，中国工艺术美术大师 1人、江西省工艺美术大师 7人，省、市高级工艺美术师100余人，初级职称以上人员400余人，以及一批老艺人、名家后裔、嫡传高徒。2003年，该厂实行全面改制后，为适应市场经济的需要，进行了资源整合，组织恢复了艺术瓷厂美术研究所，聚集了老、中、青一大批技艺人员，促进了他们与市场的结合，调动了广大技艺人员的积极性和创作热情，一个崭新的艺术瓷厂又为粉彩陶瓷艺术做出了新的贡献。

★ **地址：**景德镇市珠山东路18号

9. 景德镇陶瓷股份有限公司 >>>

景德镇陶瓷股份有限公司国瓷馆

该公司主要生产中西餐具、咖啡具、茶具和宾馆、酒店系列用瓷，高档彩盘、高档炻器及高档窑具制品等。产品器型多达1000多个品种。该公司拥有“红叶”“家好”“金品陶”三大品牌。其中“红叶”被打造成中国名牌，用于生产高档日用瓷产品；“家好”牌产品主要面向超市等中档市场；“金品陶”牌生产传统日用瓷和艺术瓷等。2002年，“红叶”牌陶瓷获得国家质检总局授予的“原产地标识认证”证书，也是目前国内日用陶瓷唯一获证单位；2003年，“红叶”牌陶瓷荣获国家免检产品荣誉称号；2005年9月，“红叶”牌陶瓷以其优良的质量和良好的信誉摘得“中国名牌”桂冠。“红叶”牌陶瓷以其精湛的工艺技术、千姿百态的造型、卓越的质量和绚丽多彩的装饰赢得用户的青睐，它也是迄今国内日用陶瓷唯一大规模跻身国宴、国礼用瓷等重要场所的陶瓷知名品牌。

★地址：景德镇市朝阳路558号

10. 玉风瓷厂 >>>

该厂系省轻工业厅直属企业，是专业从事研制、开发并大量生产高白釉系列高档日用瓷、高档骨质瓷和艺术瓷的厂家。主导产品有：高档骨质瓷餐具、茶具、咖啡具、办公用瓷系列；高档艺术瓷、陈设瓷系列；高白釉茶杯、咖啡具系列；高档酒类、保健品包装系列等。“玉风”牌高白釉系列产品被江西省质量管理协会誉为“用户满意产品”、江西省轻工名牌产品、江西省用户最满意产品、江西省著名商标，多次荣获国家、部、省优质产品奖，并获江西省“用户满意企业”“江西省职业道德十佳单位”“江西省优秀企业”等荣誉。该厂过去生产的“高白釉1号茶杯”“高白釉2号茶杯”“公仆杯”“情侣杯”，造型各异，装饰效果不一，成为千年瓷都陶瓷园中一道靓丽的风景线。近年来开发生产的“天圆地方”“梅开五福”茶具等新产品也成为当前市场的抢手货。

★地址：景德镇市新厂西路389号

（四）名人名作

作为“千年瓷都”“千年古镇”，景德镇以千年窑火、千年热土，历史性地造就了灿若繁星的景德镇陶瓷名人名作。改革开放以来，随着社会经济的不断发展，收藏和投资名人名作成了近几十年来一种集陶瓷购物与收藏于一体的，繁荣而又非常特殊的商贸现象。

但是，购买陶瓷名人名作应避免两个误区：一是名人的陶瓷作品并非全是名作，而只有名人的陶瓷精品之作才称得上名作。长期以来，人们很容易把名人作品等同于名作，并当作崇尚对象而进行淘宝，一听是某某大师、某某名人的作品便以为就是名作，甚至不惜重金购买。二是非名人创作的陶瓷艺术精品并非不是名作，因为精品之作往往除了陶瓷绘画、陶瓷技能等基本功外，还需耗费大量时间、心血，严格的态度，新颖的构思和严谨的过程才能完成。所以，有些中青年或一些不善炒作自己的人，也可以通过努力产生精品之作。为此，一件好的陶瓷艺术作品，往往不是概念上的“名人名作”，而是所有陶瓷艺人通过不断努力、不断探索、呕心沥血创作出来的艺术精品。在购买过程中，应从画面构思是否新颖、艺术意境是否深邃、花色釉面是否鲜泽、做工打磨是否精细等指标进行判别。只有做到不听忽悠、不盲目自信，才能购买到真正优秀的陶瓷艺术作品。

二 土产“世界”

（一）浮梁茶叶

“商人重利轻别离，前月浮梁买茶去”，是唐代诗人白居易脍炙人口的诗句。而历史上的浮梁，也享有“瓷之源、茶之乡”的盛名，尤其在唐宋时期，它是全国不多见的主要产茶区，贸易占全国四分之一。

1. 浮梁红茶 >>>

浮梁红茶简称“浮红”“祁红”，多产自浮梁北部和东北部。那里自然条件优越，多山地、森林，植被广袤且温暖湿润，土层深厚，雨量充沛，多云多雾，“晴天早晚遍地雾，阴雨成天满山云”，很适宜茶树生长。加上当地茶树的主体品种——楮叶种内含物丰富、酶活性高，很适合工夫茶的制造。高档浮红，外形条索紧细苗秀、色泽乌润。冲泡后茶汤红浓，香气清新，芬芳馥郁持久，有明显的甜香，有时带有玫瑰花香。浮红的这种特有香味，被国外不少消费者称为“祁门香”。浮红在出口贸易中，沿用主产地“祁红”的称呼，在国际市场上被誉为“高档红茶”，特别是在英国伦敦市场上，被列为茶中“英豪”，受到皇家贵族的宠爱，赞誉祁（浮）红是“群芳最”。浮梁江村“天祥号”所产红茶曾获“1915年巴拿马——太平洋国际博览会”金奖；1953年，浮梁茶厂生产的“孚钉”，被苏联国家产品鉴定委员会确认为“祁红珍品”。

2. 浮梁绿茶 >>>

浮梁绿茶产于浮梁县70%的山区、农田、旱地，是当地百姓普遍饮用和集贸市场交易的上乘饮品。其品种按茶叶采摘时段的不同，又有谷雨尖、细茶、粗茶之别。尤其是谷雨尖，一般采摘时段为谷雨时节前期，对春季后第一次冒出嫩芽的茶叶进行采摘，去掉叶梗，进行手工作业加工、文火轻烤。这种茶叶条索紧细，色泽嫩绿，白毫显露，清香持久，汤色清澈，滋味鲜爽、醇正。近年来，浮梁绿茶又出现许多新的更优品种，如“瑶河仙芝”于2002年获第四届国际博览会金奖，于2003年获中国食品会颁发的“2003-2004年度优秀新产品奖”；“西湖珍芝”于2000年获江西省“优质名茶”称号和2002年第四届国际名茶银奖；“野兰芝”于2003年获第五届“中茶杯”一等奖，于2004年获全国“名优产品”称号，于2005年获第六届“中茶杯”一等奖，并被中华全国工商业联合会指定为“中国企业市场战略论坛大会特定用茶”；“浮绿芽玉”在2005年第十二届上海国际茶文化节获得银奖；“广明银针”“新佳明毫”荣获1995年中国茶与瓷文化展“最佳新产品奖”；“瑶岭玉芽”曾参加北京农业展览会和全国评比并获殊荣，深受中外人士好评。此外，“浮瑶仙芝”是独立于浮梁绿茶的上乘精品。其质量优异，条索紧细，色泽嫩绿，白毫显露，清香持久，汤色清澈，滋味鲜爽、醇正，叶底嫩黄、明亮显毫。1991年获中国杭州国际茶文化节“中国文化名茶”奖；1992年获中国农业部博览会“优质产品奖”；2003年获上海市国际茶文化节暨中国精品名茶博览会金奖，并被国务院选定为特选礼品茶；2004年荣获江西省名优茶评比金奖，中国绿色食品2004年上海博览会“畅销产品奖”；2005年获第六届“中茶杯”全国名优茶评比特等奖。“瑶里崖玉”是浮梁绿茶中的极品。产于江西浮梁、婺源和安徽休宁、祁门四县毗邻的瑶里镇仰天台、汪湖、高际山、白石塔等高山茶园。那里山高林密、峰峦重叠、瀑布飞泻、溪流潺潺、古木参天、四季云雾缭绕，是生产绿色食品有机茶的天然基地。1994年中茶厦门会议时，全国十几位茶专家品后一致认为，崖玉条索紧细，银毫显露，色泽嫩绿，汤色清澈、清香持久，滋味鲜醇爽口，叶底嫩绿明亮显芽，为优质高山型名茶。由于其品种优良、质量优异，1994年获中国国际饮品技术展览会金奖，1997年获中国国际茶会金奖，1999年获江西省乡镇企业名优特新产品展销会金奖，2002年获中国绿色食品福州博览会“畅销产品奖”，2003年被江西工商行政管理局、江西省名商标认定委员会认定为“江西省著名商标”，2004年被江西食品展销洽谈会定为“优秀产品”，“崖玉”品牌入选《中国茶叶品牌指南》一书。

（二）绿色食品

景德镇山多平地少，不仅有着丰富的陶瓷矿产资源，同时也出产了很多绿色食品、天然食品和乡土食品。

1. 碱水粑

碱水粑，顾名思义，就是用碱水掺入米浆煮、蒸而熟的粑状物。成品一般为长条形，成年人一只鞋般大小，色泽金黄而艳丽，价廉物美，可久储不坏。现代碱水粑制作工艺中，有些为了节省时间往往直接使用碱，这样会破坏碱水粑的口感。传统工艺制作的碱水粑对碱水要求较高，它必须由纯天然植物如茶籽壳、黄豆杆、稻草等农作物烧成灰，再用水将灰包冲洗，冲洗后的碱水就是所需要的天然碱水。这种碱水制成的碱水粑碱性非常好，未添加任何化学添加剂，是一种原汁原味纯天然的绿色食品。

2. 苦槠豆腐

苦槠豆腐来自苦槠树的果实——苦槠子，一种个头挺小的带有深棕黑色硬壳的圆形小果实。初冬时分，苦槠子从树上脱落，人们要非常仔细地搜罗这些果实，得到果实之后须经过暴晒（晒裂外壳取果肉）、浸泡（12小时）、磨浆（当地人称苦豆浆）、过滤、加热、冷固成块、切割、在一缸一缸清水中浸泡轻漂……最后才得到一种特殊的苦槠豆腐。制好的苦槠豆腐散发着天然的香气。原生态加工的苦槠豆腐会略有涩味，现代工艺加工的则能去除涩味。苦槠豆腐是一种非常天然的绿色食品，现有制成的干成品，买回家可用冷水浸泡数小时后切块，配以各种佐料炒之，其味之清香、口感之嫩滑，令人望而生津。

3. 野蕨菜 >>>

野蕨菜根茎粗壮，有山蕨与水蕨之分。富含淀粉，故名粉蕨或蕨粉，可做粉条、粉皮食用。其嫩苗似拳卷曲，故又称“拳头菜”。生于山林阴湿处，是我国南方山区百姓喜食的一种野生蔬菜，更盛产于景德镇及浮梁山区。包装好的干蕨菜食用时，一般用开水煮熟后，取出撕开，用清水浸泡一两天，每天换清水数次，泡去涩味，加油盐调料回锅炒熟食。因其味带涩，故有收敛治脱肛的功效。山蕨是野生蕨类植物的嫩芽，幼叶统称蕨菜，有一定的营养价值和药用价值；水蕨是生长在田埂、山沟的蕨类植物嫩芽。味道相对甘甜，滑润爽口，对血管硬化有一定的辅疗作用，一般采摘后鲜炒为妙。

4. 南瓜干 >>>

南瓜干制作简单，食用方便。其制作方法如下：老熟南瓜→处理→切片→晾晒→蒸煮→晒干→制浆→上浆→晒干→包装→成品。南瓜具有很高的营养价值，具有一定的药用价值，是幼儿、老人，以及消化不良、高血压、肾炎患者的保养食品。不能多食糖类的糖尿病人，唯食用南瓜无妨，因为南瓜中的南瓜子碱、葫芦巴碱、果胶等生理活性物质能催化分解致癌物质亚硝胺，加快肾结石、膀胱结石的溶解，帮助消除人体内多余胆固醇，防止动脉硬化。南瓜还有明目和医治哮喘病的作用，常吃南瓜可防治夜盲症。

5. 鸭脚板 >>>

鸭脚板生长在浮梁四乡山高林深潮湿沟壑处和林荫之下，因其叶片像鸭脚蹼而得名。其叶、茎为墨绿色，均可食用。由于鸭脚板香味芬芳，甘甜带粉，鲜嫩可口，营养十分丰富，煮、炒、做汤均可，现已成为宴席上的佳品，很受食客欢迎。

6. 雪里蕻腌菜 >>>

雪里蕻，俗称雪里红，也叫春不老，可以做腌菜。微酸，无论烧肉、烧黄芽头还是做炒菜，都是鲜香可口的上佳美味。而且，无论是腌上二十来天，还是腌上小半年，味道都同样可口。当地百姓一般趁初冬还没有冷透，春不老的鲜叶正是最蓬勃的时候采下来，除去外头的老叶子，留下中间最嫩的，洗干净后搭在竹竿上晒五六天的青。再将晒过的春不老仔仔细细洗一遍，切成碎段，同剁碎的辣椒、生姜、大蒜拌好，撒上盐粒使劲搓揉，然后密实地压到坛子里，用稻草团成的坛子盖把坛口堵好封严，放到屋子阴凉的角落，这样制出来的春不老腌菜柔脆鲜辣，经久不坏。无论是春不老炒毛豆，还是炒酱干，或是加一点肥瘦掺半的肉丝，炒到春不老本身的汁液渗出来为止，其味美纯正，直逗馋虫。

7. 干排粉 >>>

在景德镇地区盛产一种用优质大米制作的晒干的排粉，逢年过节用这种排粉配以肉末炒之，是家家户户的美味佳肴，同时又可以作为粮食类的主食品。排粉刚出来时，还可作为凉拌食用，也是景德镇妇孺皆爱的点心。近年来，乐平洄田程阪港背村生产的一种“洄田排粉”更是异军突起。它以本地优质大米为原料，采用本村独有的特色水源，经浸泡、磨浆、过滤、揉团、蒸果、碾团、压丝、晾晒、扎捆等10余道工序精制而成，每道工艺要求精细。该产品洁白细嫩、久煮不煳、久炒不碎，味道清香可口，长期食之具有保健功能，是百姓喜食的佳品，也是馈赠亲友的礼品，目前年生产量为10万千克左右，产品销往全国各地。

CHAPTER 5

吃在瓷都

——舌尖之舞

一 名吃餐馆

浙江路夜景

浙江路，是景德镇名吃餐馆十分集中的地方，素有“吃喝玩乐一条街”的美称。尤其是名吃馆，有享有地道景德镇菜系的“珠山八味”酒家，享有鱼类海鲜味美的“天天渔港”酒家，享有现代菜系美味的“唐人街”酒家，享有平民百姓情结赞誉的“庆和楼”酒家，享有一菜独尊的“小黄鱼”酒家。此外，还有瓷都大道吃喝一条街，其中享有盛名的酒家有维多利亚、云天大酒店等。在通往浮梁与东三路口的交界处，一家挨着一家聚集着地道的景德镇特色的土菜馆、家常菜馆，如草鞋码头、大福第等。

二 古巷排档

在“瓷都”景德镇，小吃摊店十分普遍，尤其是近年来各种排档形成十分火爆的场面。如东门头夜排档相连着数家地道景德镇特色小吃店，如毛仔排档、金银铜铁发排档等；此外，还有里村夜排档区、戴家弄夜排档区、麻石弄夜排档区、九九厂排档区、昌江广场夜排档区、豪德夜排档区、红旗瓷厂夜排档区、人民瓷厂夜排档区等，每个区都有数家或数十家夜店经营着地道风味的小吃，如碱水粑、清明粑、排粉、米粥、腌菜等等。

三 舌尖上的景德镇

2013年7月31日至9月17日，“千年瓷都”举办了一场轰动全城的“景德镇首届旅游美食大赛”，比赛集文化性、趣味性、群众性、互动性等特色为一体。比赛的成功举办，不仅深入挖掘了景德镇美食资源，推介了旅游美食精品，还充分展现了景德镇丰富多彩、别具一格的美食文化。

（一）十大特色菜

1. 窑工四宝（珠山八味酒店）

（1）红烧肉

主料：五花猪肉500克。

调料：葱、姜、盐、糖、酱油、料酒、味精、食用油。

窑工四宝

制作步骤：

a.五花肉洗净，切4厘米见方的块，备用。

b.锅中放少许油，下白糖用铲子慢慢炒制，待变成深红色时，下五花肉块，再烹入酱油。

c.不停煸炒五花肉至糖色裹匀并微微出油，下温水刚好没过肉，下料酒、葱结、姜块后大火烧开，变小火炖至肉九成熟后，收汁即可。

窑工四宝——红烧肉

窑工四宝——猪血

（2）猪血

主料：猪血500克。

调料：食用油、姜、蒜、盐、味精、高汤。

制作步骤：

a.把猪血切成条状，用水焯一下待用。

b.锅烧热，放入食用油，加姜、蒜煸出香味，放入高汤后加入猪血。

c.调味，小火煨，再中火收汁即可。

（3）米粉大肠

主料：猪大肠头300克、蒸肉粉料100克。

调料：料酒、辣豆瓣酱、胡椒粉、酱油、香

窑工四宝——米粉大肠

油、糖、食用油。

制作步骤：

a.在大肠中加入料酒、酱油、辣豆瓣酱、糖、胡椒粉、鸡精、拌均匀腌制15分钟入味。

b.把蒸肉粉和大肠拌均匀，放入食用油，放入蒸锅蒸1小时，淋入香油，撒上葱花即可。

（4）豆豉炒青椒

主料：青辣椒。

调料：豆豉、酱油、蒜头、食用油适量。

a.把青辣椒对半切开去核，蒜去皮切片。

b.做锅下油，放进蒜片煸香后，放入辣椒翻炒。

c.待青椒快熟放入豆豉，加入盐和酱油调味即可。

窑工四宝——豆豉炒青椒

2. 瓷都船板肉（石岭民俗村） >>>

主料：上等五花肉500克。

配料：米粉、辣椒酱、白芝麻适量。

调料：味精、食盐、酱油、白糖少许。

制作步骤：

（1）把五花肉切成3毫米厚、5厘米长的块状，用盐、味精、白糖、酱油拌在一起腌

瓷都船板肉

制。

（2）用磨好的米粉在五花肉上拌动，每一块肉拌动均匀。

（3）上大火蒸2小时，一次蒸透即可食用。

3. 乐平狗肉（柴火灶土菜馆） >>>

乐平狗肉

主料：农家土狗。

配料：姜、葱、蒜、小米辣、自制土酱油。

制作步骤：

（1）将宰杀好的土狗肉洗净血水，放入蒸笼内。

（2）蒸90分钟，待熟透即可。

（3）软排剁小块，腿上肉切薄片。

（4）用小碗装酱油，把葱、姜、蒜、小米辣加入酱油内。狗肉均蘸自制土酱油食之。

4. 佛印豆腐（集萃楼） >>>

主料：白豆腐750克。

调料：自制酱、菜籽油、高汤、盐、味精、酱油。

制作步骤：

（1）将白豆腐切成长方形。炒锅上火烧热，放入菜籽油烧至八成热，将豆腐放入油锅煎成两面金黄色。

佛印豆腐

（2）加入高汤和自制酱，调味烧制，装盘即可。

5. 珊瑚鳜鱼（草鞋码头酒店） >>>

主料：鳜鱼一条（约2000克）。

配料：番茄酱、鸡蛋、淀粉。

调料：白醋、食盐、味精、生姜、香葱、黄酒。

珊瑚鳜鱼

制作步骤：

（1）鳜鱼宰杀后去鳞片，随后切下鱼头、鱼尾做成造型，再将鱼骨去除。

（2）将鱼肉用刀切成斜刀片，再切成条形，放盐、味精、黄酒腌制20分钟。

（3）用鸡蛋将鱼肉拌制，鸡蛋、淀粉拌动后，经过油炸定型，并将鱼肉炸至呈金黄色。

（4）锅上火后放入2瓶番茄酱，用300克醋和200克糖，放入10克的淀粉内勾芡后，均匀地浇在鱼肉上，即可食用。

制作关键：制作过程中最主要讲究油温，应控制在8成左右，并且用中火。

6. 乐平全狗肉（轩轩食府） >>>

主料：乐平土狗一只。

调料：生姜、大蒜、生抽、辣椒、食盐。

制作步骤：

宰杀土狗，去毛洗净后，放入农家土灶上蒸2小时左右。看

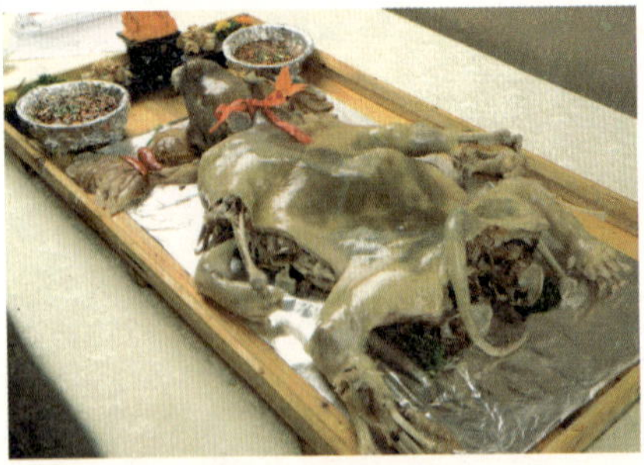
乐平全狗肉

到狗头露出头骨，随即有香味飘出，再将调料装入小碗内，狗肉蘸调料即可食用。

制作关键：制作过程中一定要等水蒸开后，再用文火蒸狗肉。

7. 霸王御香肘（石岭民俗村）>>>

主料：肘子一只。

调料：食盐、味精、鸡精、辣椒酱、葱、白芝麻、八角、桂皮等香料适量。

霸王御香肘

制作步骤：

（1）将肘子刮毛洗干净，过水。

（2）将香料炒香、放高汤，高汤内加盐、味精、鸡精、胡椒粉调味。

（3）将过水肘子放高汤，卤1小时左右。

（4）卤好后撒上葱花、白芝麻，即可上桌。

8. 窑工治四肉（俏昌南酒店）>>>

主料：上等五花肉。

配料：阳江豆豉、大蒜、小米椒、青蒜。

调料：糖、味精、盐、老抽、八角、桂皮。

制作步骤：

（1）用上等五花肉蒸2小时至肥肉嫩滑为止（肥肉用筷子

刮，有掉下来的感觉）。

（2）放八角、桂皮等香料和3包盐，将盐炒香。

（3）将盐盖在肉上，腌制四五个小时左右。

（4）取出后，将肉上的盐用清水洗净，切成0.5厘米厚，将五花肉放入锅内炸成金黄色。

窑工治四肉

（5）随后出锅，将配料大蒜、小米椒、青蒜煸炒后，把五花肉放入锅中加老抽继续炒。

（6）之后再放入一瓢清水，用小火烧，再放入味精，待汤汁熬稠后即可出锅。

（7）最后，在摆盘前将阳江豆豉放入油锅中炸一下，撒在五花肉上即可品尝。

9. 三杯鲶鱼（浮梁中奇大酒店）>>>

三杯鲶鱼

主料：鲶鱼。

配料：美人椒、大葱、姜丝。

调料：料酒、猪油、自制酱油各一杯。

制作步骤：

（1）清洗鲶鱼，解刀成片，每片约1厘米厚度。

（2）用料酒加盐、味精腌制8–10分钟。

（3）把干荷叶洗干净放入开水煮，放入盘中。在荷叶放下后加大葱，姜丝垫底。

（4）把腌制好的鱼片把盘成形。

（5）上笼蒸5–6分钟。

制作关键：自制酱油，解刀均匀。

10. 黑椒芦笋扒河鳗（乐平东方国际酒店） >>>

黑椒芦笋扒河鳗

主料：河鳗。

配料：芦笋。

调料：食用油、盐、味精、特制酱料、自制黑椒汁等。

制作步骤：

（1）河鳗片放入特制酱料中腌制三四个小时。特制酱料由多种香料、蒜、姜、蔬菜水果汁等制成。

（2）将腌制好的河鳗片放入油锅中炸，炸熟后捞出，淋上自制黑椒汁。黑椒汁由牛骨头汤、蚝油、黑胡椒粉等调料调制而成。

（3）芦笋焯水，与做好的河鳗一起摆盘。

制作关键：腌制河鳗的酱料非常关键，此外炸河鳗的油温应控制在五成左右。

（二）十大乡村菜

1. 卤水白鱼（农夫酒家） >>>

主料：昌江河白鱼一条。

调料：酱油、味精、盐、生姜、干辣椒。

卤水白鱼

制作步骤：

（1）将处理过后的白鱼表面打花刀，粗盐腌制一周左右。天热放冰箱。

（2）锅内用少量菜油烧热，将白鱼两面煎黄，加水，大火烧出白汁，放入调料出锅。

制作关键：旺火烧制，鱼形完整。

2. 老黄瓜炖泥鳅（农夫酒家） >>>

老黄瓜炖泥鳅

主料：野生泥鳅400克，老黄瓜两条。

配料：腊肉骨头，紫苏，熟猪油。

调料：盐、味精、生姜、葱花。

制作步骤：

（1）老黄瓜去皮、去籽，切成小段。

（2）将老黄瓜与腊肉骨头一起放入熟猪油中爆炒备用。

（3）将泥鳅和上述材料一起入锅，大火炖，直至炖出白汤。

（4）加入生姜片、盐、味精、紫苏等调料，改用小火炖，直至老黄瓜炖至透明即可出锅。

3. 农家米粉熏肉（柴火灶土菜馆） >>>

主料：精选猪五花肉500克，自磨米粉100克。

配料：姜、葱、蒜、豆豉、黄酒、白糖。

制作过程：

（1）先将五花肉切成长条，用盐及自制香料腌制24小时。

（2）将腌制好的五花肉洗净，蘸上自磨米粉，放进果木火炉内慢慢烘干至金黄色。

农家米粉蒸肉

（3）取出，切成厚片，摆入盘内。加入姜、葱、蒜、豆豉，洒上少许味精，黄酒，白糖。上蒸笼，蒸20分钟，即可可食之。

4. 乐平水桌席（柴火灶土菜馆）>>>

主料：五花肉、瘦肉、猪肝、肉丸、香菇、豆芽、木耳、猪油渣、鸡蛋、海带丝、豆干丝、粉丝、乐平自制粉皮、油条、豆泡。

配料：姜、葱、盐、味精、淀粉、小米辣、自制酱油。

制作步骤：

（1）将五花肉切成10厘米大方块，放入汤锅内。加入筒子骨一起，放小火上慢慢炖，待五花肉煮熟便可捞起，切成厚片装盘。蘸以自制酱油即可食之。

（2）汤继续炖至乳白色，将其余主料加工成形。均以此汤煮熟。

其他：此水桌席内有乐平塔前雾汤、乐平川汤、乐平漂丸。

雾汤是用猪肝、香菇、豆芽瓣、豆泡、现炸猪油渣均剁沫，待浓汤烧开后，加入此料调味，勾入淀粉。

乐平川汤是用瘦肉切成薄片，加入少许淀粉及鸡蛋稍微腌制，待浓汤烧开后，放入肉片煮熟，勾芡淀粉，再把打碎鸡蛋慢慢导入锅内，鸡蛋不可结块，要呈蛋花状。便可起锅。

乐平水桌席

乐平飘丸，乐平土话叫乐平水上漂，意思是此肉丸煮熟后可以漂浮在汤上面。此汤是用肉泥加入百合粉、鸡蛋、少许盐、味精拌匀，做出花生仁大小的肉丸。放入汤锅内，加以紫菜。煮熟便可。

5. 柴火红烧肉（柴火灶土菜馆）>>>

主料：带皮五花肉750克。

配料：稻草梗若干。

调料：生姜、八角、香叶、冰糖、盐、黄酒、土酱油。

柴火红烧肉

制作步骤：

（1）把五花肉切成方块，用稻草梗绑好。

（2）锅里放色拉油，放冰糖熬成糖色，放入五花肉煸炒四五分钟，再放入黄酒（浸平五花肉）、八角、香叶、生姜，大火烧开改小火红烧45分钟左右。

（3）待大火收汁，放盐，装盘。

制作关键：稻香梗捆绑的五花肉带有稻草香味。

6. 泉水石鳜（景春馆） >>>

泉水石鳜

主料：鳜鱼一条（750克左右）、泉水2500克左右。

调料：姜丝、胡萝卜丝、自制酱料（用胴骨、鸡爪、肉皮、花椒、老母鸡、猪脚、盐、味精、料酒等熬制的酱料）。

制作步骤：

（1）将自制酱料兑入泉水在钵体中烧开，撒上姜丝、胡萝卜丝。

（2）将处理后的石鳜打花刀。吃鱼时，将生鱼肉取下，放入煮好的热泉水汤中烫熟即可食用。

7. 窑工黄鳝（集萃楼） >>>

窑工黄鳝

主料：黄鳝500克。

调料：蒜、胡椒粉、菜籽油黄酒、食盐、味精、鸡精，酱油。

制作步骤：

（1）将黄鳝宰杀，去骨，洗净备用。

（2）将炒锅放入菜籽油烧热，将黄鳝入锅煎香。

（3）炒锅放点底油将黄鳝、少许黄酒、食盐、味精、鸡精、酱油、蒜蓉、胡椒粉翻炒。

（4）将钵体烧热，放入黄鳝即可。

8. 瓷泥煨鸡（景春馆）

主料：本地土鸡一只。

配料：瘦肉丝50克、荷叶一张、猪网油200克、高岭瓷土1000克。

调料：盐、味精、八角、桂皮。

瓷泥煨鸡

制作步骤：

（1）将土鸡宰杀去骨，腌制3小时左右。腌制酱料由盐、味精、胡椒粉、八角、桂皮、生姜，黄酒、酱油制成。

（2）将腌制好的土鸡分别用猪网油、荷叶包裹。再将高岭瓷土和泥，用瓷泥包裹在最外一层。将包裹好的土鸡放入煨炉内煨制6小时（或者在烤炉内300° 烤3小时）后，敲开瓷土、剥去荷叶，即可食用。

9. 米粉排骨（紫晶宾馆）

主料：排骨800克。

配料：自制米粉100克。

制作步骤：

（1）排骨剁成 7厘米左右的长短，用自制米粉（米粉由大米干炒，再机器碾压制成）包裹。

米粉排骨

（2）加入盐、味精、蒸鱼豉油、酱油、食用油、姜蒜末拌匀，用蒸笼蒸25分钟以上。

10. 佛印笋尖（玉浮梁大酒楼）>>>

佛印笋尖

主料：浮梁嫩笋干。

调料：菜籽油、辣椒、生姜、盐、味精、葱花。

制作步骤：

（1）将笋干用温水发10分钟左右。

（2）捞出，控干水分，入热油锅中翻炒片刻，加入盐、适量水。

（3）待水分略剩时，加入姜、辣椒、味精，起锅，撒入一点葱花点缀。

（三）十大私房菜

1. 秘制香烤鲫鱼（金御轩餐厅）>>>

主料：野生小鲫鱼750克。

配料：大米350克、香菜、韭菜、小葱、西芹适量。

调料：盐、味精、八角、桂皮、花椒、芝麻、孜然粉、辣椒面、自制秘酱（豆瓣酱、香辣酱、耗油、白糖、盐、鸡精、料酒调制）。

制作步骤：

（1）鲫鱼去骨，加自制秘酱、韭菜、香菜、西芹、小葱等腌制3小时，备用。

秘制香烤鲫鱼

（2）大米下锅加入八角、桂皮、盐炒成金黄色，取出碾压成米粉，备用。

（3）将腌制好的小鲫鱼裹上米粉，入油锅炸。

（4）撒上芝麻、孜然粉、辣椒面等调料。

制作关键：腌制小鲫鱼的时间不要超过3小时，否则肉质偏咸，且不嫩。

2. 肉焖面（古记大福第） >>>

主料：五花肉500克、肉排200克、碱水面400克。

配料：八角、桂皮、辣椒壳、生姜。

调料：盐、味精、白糖、酱油、色拉油、猪油。

肉焖面

制作步骤：

（1）碱水面晾干、抖散，干蒸熟。

（2）熟面用酱油、色拉油凉拌，可上色，并防止粘连。

（3）以生姜、八角、桂皮、辣椒壳、白糖、盐、味精、酱油等作配料，将五花肉、排骨红烧。

（4）把红烧好的肉和汤汁放入钵中，面条放在上面，淋入少许高汤。中火焖2–3分钟后，关火、开盖，将面与肉拌一下；

继续中火焖、拌，如此反复3次左右。

3. 秘制私房鸭（看菜呷饭酒楼） >>>

秘制私房鸭

主料：鸭。

调料：食用油、红曲米、自制酱、辣椒王、麦芽糖、葱、姜、蒜、盐、味精、鸡精。

制作步骤：

（1）将鸭宰杀、洗净、氽水。

（2）将鸭沥干，入油锅炸成金黄色，再加入其他调料，加水，小火烧烂即可。

4. 景德酱鸭（青塘瓷文化传播有限公司） >>>

景德酱鸭

主料：老鸭一只。

配料：白芝麻、香菜。

调料：浮梁红茶叶、冰椰、八角、香叶、黄辣椒壳、特制卤水、冰糖、红曲米、味精、料汤、盐。

制作步骤：

（1）将老鸭去毛洗净，过水备用。

（2）在锅里下冷水尖矿泉水烧开，放入调料和老鸭，用中火卤40分钟，待其上色入味。

（3）再用大火将老鸭收汁，改刀装盘撒上白芝麻、香菜点缀即可。

制作关键：用大火收汁时要注意时间不要超过5分钟，否则老鸭会变味。

5. 鳜鱼煮粉（柴火灶土菜馆） >>>

主料：大鳜鱼一条。

配料：米粉500克。

调料：菜籽油、盐、味精、生姜、大蒜，高汤、料酒。

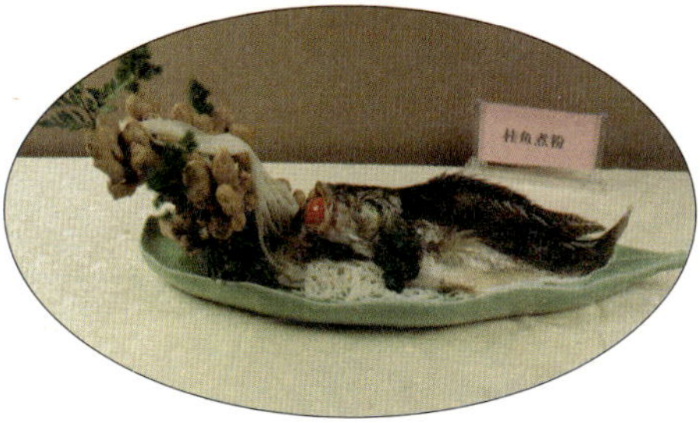

鳜鱼煮粉

制作步骤：

（1）把鳜鱼切 ·字花刀，放少许盐腌制一下。

（2）锅内放入菜油，烧热后，放入鳜鱼两面煎一下，放入高汤，烧15分钟左右，放入米粉后再烧2–3分钟。

（3）把烧好的鳜鱼和米粉放进盘中。

6. 新派古镇杂素（东方盛世名酒会所） >>>

主料：辽参、白肚。

配料：香菇、蟹味菇、金针菇、枸杞。

调料：盐、味精、鸡汁。

新派古镇杂素

制作步骤：

（1）将发好的辽参、白肚用热水煮好，备用。

（2）香菇、蟹味菇、金针菇入沸水煮好，备用。

（3）将以上食材放入自制的鸡汤调味即可。

7. 干焖鸭（真快活美乐园） >>>

主料：养殖1年以上的“麻鸭”，重量约1000—1200克。

配料：党参、红枣、枸杞。

调料：真快活秘制干焖鸭专用酱、高汤、盐、味精、干辣椒、生姜、香菜。

干焖鸭

制作步骤：

（1）将老鸭剖开洗净，放入熬制好糖色的沸水中煮15分钟。

（2）沥干后放入八成热的油锅中炸上色，将秘制酱炒香加入高汤。

（3）将炸好的鸭放入煲中用小火焖制45分钟，再加入党参、红枣、枸杞。

（4）继续焖25分钟，待汤汁浓缩，点缀上香菜即可。

制作关键：糖水需用冰糖熬制，主料鸭子需选1年以上老鸭，焖制时注意转动，以免粘锅底焖糊。

8. 浮红炝鸭（集萃楼） >>>

主料：本地老鸭一只（约1250克）。

配料：浮红茶叶25克、老卤汁2000克。

调料：食盐、味精、鸡精、白糖，八角、桂皮、香叶、山奈、茴香、花椒、香草、草菜。

制作步骤：

（1）将老鸭宰杀、洗净，备用。

（2）锅内水烧开，老鸭放入氽水；后用卤水把老鸭用大火烧开，小火焖，时长约90分钟。

浮红炝鸭

（3）用老卤汤放入锅内，将卤好的老鸭一起收汁、炝香即可。

9. 佛手云龙虾（东方盛世名酒会所） >>>

佛手云龙虾

主料：大明虾。

配料：豌豆、姜、葱

调料：食用油、盐、味精、自制秘制酱。

制作步骤：

（1）先将明虾洗净，去头、去壳备用。

（2）将洗好的明虾放入盐、味精、姜、料酒腌制，备用。

（3）腌制好的明虾裹上生粉，用油炸，再浇上自制秘制酱即可。

10. 金钱爽蹄片（昌南布衣烩店） >>>

主料：牛脚一只。

配料：香菜适量。

调料：红卤卤水（自行调制）、八角、桂皮、小茴香、草果、白芷、豆蔻、酱油、糖色、辣油、花椒仔、盐、味精、黄酒、白酒。

金钱爽蹄片

制作步骤：

（1）先用火烧牛脚，烧成金黄色，呈起泡状，去腥。

（2）洗净后，对半改刀，切小一些，再汆水2-3分钟，放点白酒。

（3）再次洗净，直接放在高压锅里压制（1小时左右），压烂为止。

（4）取出，把牛脚骨头去掉，用保鲜膜将其卷起，冷却后切成薄片，加料后即可食用。

制作关键：压制时不能太烂，也不能太硬，否则牛脚没韧劲。

（四）十大创新时尚菜

1. 舌尖上的景德镇（景春馆） >>>

主料：鸭舌400克、印糍粑400克。

配料：浮梁红茶10克。

调料：盐、味精、调料、香料。

制作步骤：

（1）先把鸭舌洗干净，用浮梁红茶、香料（香果、香矛、香叶）、料酒、盐、味精腌制3小时。

舌尖上的景德镇

（2）将鸭舌蒸熟，大约需15分钟。

（3）将印糍粑蒸18分钟左右。

（4）印糍粑搭成太平窑状，把煮熟的鸭舌摆在太平窑上，成火焰状。

2. 美味拼盘（粗茶淡饭酒楼） >>>

美味拼盘

主料：牛腱子肉100克、苦菊花茶50克、圣女果60克、山药100克、苦瓜40克、紫薯30克、小黄瓜50克。

调料：盐、味精、鸡精、蜂蜜、糖、蓝莓酱、甜面酱、花生油、小麻油、橄榄油等。

制作步骤：

（1）用生抽、八角、桂皮、香叶、香茅、良姜、白芷、砂姜、白蔻、丁香、花雕、盐、味精、冰糖调制好卤水。

（2）牛腱子肉改刀、焯水后，放入卤水中卤制40分钟左右。

（3）卤好的牛肉晾凉、切片，用苦菊花茶包裹、装盘。

（4）山药切成长条、焯水10秒、捞出用冰块冷却。装盘后用蓝莓酱点缀、调味。

（5）将碎的生花生用蜂蜜、白糖、芡汁调制。

（6）圣女果选大颗的，镂空，里面塞满上一步骤调制的花生碎，装盘。

（7）苦瓜挑直长形的，两头去蒂，用筷子在中间捅出囊，焯水。

（8）紫薯去皮，切成一个1厘米的小块，用烤炉180度烤 3分钟。

（9）用刀把烤熟后的紫薯拍扁，加入适量蜂蜜调制，并压进苦瓜（或藕片眼）中，压紧。

（10）小黄瓜两边去蒂，直切薄片，放入在冰块中冰镇10–15分钟。

（11）将冰镇后的黄瓜片卷起，装盘，蘸上甜面酱。

3. 如画江南（乐平东方国际酒店） >>>

如画江南

主料：五花肉500克、牛肉500克、鸡蛋15个。

配料：黄瓜400克、胡萝卜300克、心里美萝卜300克、西兰花100克、西红柿100克。

调料：酱料、麻油、盐、味精、鸡粉、生抽、花雕酒、美极鲜味汁、玫瑰露酒、高汤、香料汁、白糖。

制作步骤：

（1）将白醋、白糖调成糖醋汁。

（2）其他剩余调料集中一起制成红卤水。

（3）五花肉、牛肉洗净，氽水去血污，捞出后放入卤水中，卤制50分钟，待其熟透备用。

（4）胡萝卜、心里美萝卜改刀成所需形状，入糖醋汁中泡制入味，备用。

（5）将蛋黄、蛋白各入容器打散，调味，小火蒸熟备用。

（6）将原料拼摆合适即可。

制作关键：刀工需精细。拼摆时注意色彩搭配，力求逼真细致。

4. 梁祝情深（乐平东方国际酒店） >>>

梁祝情深

主料：猪脚1250克、基围虾200克、猪耳600克、猪舌200克。

配料：白萝卜200克、心里美萝卜200克、黄瓜2根、胡萝卜150克。

调料：酱料、麻油、盐、味精、鸡粉、生抽、花雕酒、美极鲜味汁、玫瑰露酒、高汤、香料汁、白糖。

制作步骤：

（1）将白醋、白糖调成糖醋汁。

（2）其他剩余调料集中一起制成红卤水。

（3）猪脚、猪耳、猪舌洗净，汆水去血污。捞出后放入卤水中，卤制50分钟，待其熟透备用。

（4）基围虾白水煮熟备用。

（5）胡萝卜、心里美萝卜改刀成所需形状，入糖醋汁中炮制入味，备用。

（6）将蛋黄、蛋白分别放入容器打散、调味，小火蒸熟备用。

（7）将原料拼摆合适即可。

制作关键：刀工需精细。拼摆时注意色彩搭配，力求逼真细致。

5. 冰镇布丁小米翅（东方盛世名酒会所）>>>

主料：日本鱼翅1小份（10克）。

配料：小米3克、金瓜1克、菜芽1棵、布丁粉5钱、鱼子酱2克。

冰镇布丁小米翅

调料：蜂蜜。

制作步骤：

（1）将用水发好的日本鱼翅放入半圆形的模具。

（2）用调好的布丁粉烧开，也倒入模具中。

（3）冷却40多分钟后，再放入冰箱冰镇1个小时。

（4）然后将小米、金瓜、蜂蜜放在一起调成小米汁。

（5）将小米汁冷却40多分钟后放入冰箱冰镇1个小时。

（6）冰镇好的布丁翅倒入器皿中，再浇上小米汁。

（7）放上鱼子酱、菜芽点缀即可。

制作关键：布丁鱼翅一定要在室温冷却，再放进冰箱，口感更佳。

6. 农家大锅巴（油菜花酒楼）>>>

主料：东北大米500克、牛肉200克。

配料：蒜苗100克、洋葱100克、花生50克、芝麻20克。

调料：酱料、麻油、盐、鸡精、酱油。

制作步骤：

（1）东北大米蒸成米饭，放凉，压制成锅型，下热油（提前热好），炸脆。

（2）锅巴下锅翻炒，加入各种调料，起锅备用。

（3）牛肉蒸熟、切粒，把配料放入，翻炒后加入锅巴。

农家大锅巴

7. 八宝葫芦（开门子大酒店）>>>

八宝葫芦

主料：小鹌鹑10只。

配料：鸭肉、虾肉、鸡丁、火腿丁、青豆丁、香菇丁、笋丁、糯米饭（各150克）。

调料：盐、味精、卤汁。

制作步骤：

（1）将鹌鹑去骨。

（2）糯米饭蒸熟后，和其余几种配料一齐放进锅里干炒，炒熟即可，再灌入鹌鹑中。

（3）灌好之后，用绳子将鹌鹑系成葫芦形状。

（4）将做好的葫芦形状的鹌鹑氽水，将血水脱掉。

（5）氽水之后，放入7至8成热的油里炸成金黄色。

（6）再放进卤汁里煨40至50分钟。

（7）出锅、装盘。装盘时用小刀划下绳子，绳子就能脱落。

制作关键：去骨时需保证完整的鹌鹑皮。

8. 葵花鱼糕（庆和楼）>>>

主料：鱼500克（种类自选）。

配料：南瓜50克、冬瓜皮50克、果酱100克。

调料：盐、味精、食用油。

葵花鱼糕

制作步骤：

（1）将鱼剔骨去皮，放进搅碎机里搅碎。

（2）将搅碎好的鱼放进器皿里进行顺时针的拳打，在打制的过程中加入适量的食用油、盐、味精。

（3）将打好的鱼肉放在盘里，做成圆形。

（4）南瓜切成三角形，在盘沿围圈交叉放好。

（5）将冬瓜皮切成树叶的形状，放在盘子的三个角上。

（6）将果酱浇在鱼肉上，浇成葵花的形状。

（7）成形后，将盘子放进蒸笼里蒸5至7分钟即可。

制作关键：拳打鱼肉的时候要注意，一定要同一方向。

9. 鱼米之乡（乐平东方国际酒店）>>>

鱼米之乡

主料：草鱼一条（1500克左右）、多宝鱼一条（900克左右）。

配料：胡萝卜、黄瓜、黑木耳、彩椒、玉米。

调料：盐、味精、鸡精、生粉、泡椒水、食用油。

制作步骤：

（1）取草鱼鱼肉，用刀斩成泥，加入2个蛋清，少量盐、味精、生粉，打散（约20分钟）。

（2）烧一锅80度水，用小勺将草鱼肉泥一点点滑入水中，制成鱼米。

（3）带鱼米上浮，捞出，备用。

（4）用黄瓜粒、胡萝卜粒、玉米粒焯水 40秒左右，再入油锅和鱼米一起炒，并调味勾芡，放入雕好的黄瓜船中，放置盘边。

（5）取多宝鱼肉片，放入姜、蛋清一个、盐、味精、生粉，打散（约8分钟）。

（6）将多宝鱼肉片放入60度的油锅中过油，捞出备用，加入彩椒、木耳翻炒，淋入泡椒水，加盐、味精、鸡精调味勾芡，再放入盘中央，加少许装饰即可。

制作关键：多宝鱼肉片必须不停地搅拌，否则鱼肉不够滑嫩，也缺乏韧劲。

10. 百鸟归巢（庆和楼）>>>

主料：草鱼两条。

配料：胡萝卜30克、黄瓜50克、虾尾10个、鹌鹑皮蛋10个、花椒籽20个、西芹50克、橙面200克。

调料：盐、食用油。

白鸟归巢

制作步骤：

（1）将草鱼肉切下来，顺时针拳打，拳打过程中加入盐、食用油。

（2）将鱼肉用小汤勺做出鸟的形状，拿鹌鹑皮蛋做头，放进蒸笼里蒸，中火三分钟。

（3）蒸好后取出，用小木棒挖鸟眼睛，将花椒籽放进鸟眼睛里。

（4）把虾尾做成鸟尾，用黄瓜切成翅膀状，将胡萝卜切鸟嘴巴和鸟背，装饰鸟身。

（5）锅里烧水不要沸腾，鱼肉放在漏勺里挤压到锅里，氽下水即可出锅称鱼米。

（6）西芹切薄片，用清水浸20分钟以上，备用。

（7）用橙面做成2厘米厚的面团，中间挖空，再将挖空之后的面团放在盘子上。

（8）锅里放清水，加入青菜汁和白凉粉，熬好，凝固之前，浇在面团周围。

（9）将切好的西芹片均匀的插在面团三层。

（10）把鸟在盘子里摆成一圈。

（11）拿黄瓜和胡萝卜切菱形细条点缀。

（12）然后把氽水的鱼米摆在西芹中间，将菱形胡萝卜黄瓜细条撒在鱼米上。

（13）再把黄瓜切成扇形摆在各个鸟之间。

（五）十大名点小吃

1. 大福包子（古记大福第） >>>

主料：猪肉50克、面粉50克。

配料：香菇、生姜少许。

调料：食盐、味精、酱油各适。

制作步骤：

（1）发酵面团。加入清水揉成光滑的面团。

（2）猪肉切成沫，中加入盐、料酒、淀粉、胡椒粉、香油、生抽拌匀，再加入少许香菇、姜葱末拌匀。

大福包子

（3）将发酵后的面团后搓成长条，揪出大小均匀的剂子。

（4）擀成面皮后包入肉馅，包好。

制作关键：用老面粉发粉。

2. 记忆味道——妈妈饺子粑（草鞋码头酒店） >>>

主料：万年晚米500克、自制腊肉200克、春笋300克、白豆干200克。

配料：干辣椒壳15克、猪油200克、青蒜200克。

调料：食盐、味精少许。

制作步骤：

（1）先将万年晚米洗净后，用大火蒸成半生熟，用手抓成团。

（2）米团凉后磨成细粉，再用开水搅拌成团，放15克盐。

（3）将腊肉、春笋、白豆腐切成丁状，备用。

（4）油锅烧成八成热，放入腊肉丁炒熟后，再放入辣椒壳、春笋丁、白豆腐丁炒熟，最后放入食盐、味精，起锅后放青蒜。

记忆味道——妈妈饺子粑

（5）用手捏三十分

之一的粉团做成圆形粉皮，粉皮中间位置放入馅料。

（6）先下后上捏成饺子粑形状，放入蒸笼用大火蒸 20 分钟。

制作关键：蒸米时切勿蒸过头。在炒拌料时不能放水。

3. 景德冷粉（集萃楼）>>>

主料：冷粉500克。

配料：萝卜干、橘子皮、香葱、香菇蒂各20克。

景德冷粉

调料：食盐、味精、酱油、麻油、辣椒适量。

制作步骤：

（1）将冷粉放进80度的水里过水。

（2）将配料、调料放进锅里与冷粉一起拌匀。

制作关键：

过水时间不能太久。

4. 北安糯米仔糕（景春馆酒楼）>>>

主料：优质北安圆糯米5000克、鸡蛋6个。

配料：五花肉沫100克。

北安糯米仔糕

调料：糖。

制作步骤：

（1）糯米浸泡一晚，放在木桶里蒸熟。

（2）把蒸熟的糯米摊开、放凉，加鸡蛋、五花肉沫搅拌。

（3）搅拌后的糯米压制成田型。

（4）切片、上桌、拌糖。

制作关键：糯米选料很关键。北安是婺源与景德镇交界处的一个村庄，这里种植的糯米颗粒接近圆形，质量优良，特别适合制作糯米仔糕。

5. 珠山包子（珠山八味酒楼）>>>

主料：面粉100克、温水600克、土猪五花肉800克、肉皮冻280克、鸡肉120克、虾肉100克。

调料：料酒、胡麻油、白糖、葱花、姜末、精盐、味精、生抽、老抽。

珠山包子

制作步骤：

（1）将面粉加水和匀揉透，放置片刻。

（2）将土猪肉剁成肉茸，鸡肉、虾肉剁成鸡茸、虾泥，加入辅料与肉皮冻、生抽、老抽，顺时针搅拌均匀。

（3）将面团搓成长条，揪成每80克4个面坯，擀成圆皮，加馅捏成提成褶包，上蒸笼用旺水蒸10分钟即可。

6. 景德饺子粑（石岭民俗村）>>>

主料：鲜米500克。

配料：腊肉100克、笋尖200克、酱豆干200克。

调料：生姜、大蒜、辣椒粉适量。

景德饺子粑

制作步骤：

（1）鲜米蒸熟磨成粉，再用开水调制，制成饺子粑皮。

（2）将调料切碎，炒熟，放进去包好。上锅蒸熟10分钟即可。

制作关键：蒸饺子粑用大火蒸。

7. 昌南麻糍（柴火灶土菜馆）>>>

主料：糯米。

配料：黑芝麻粉、白糖。

制作步骤：

（1）糯米在水中泡1–3个小时。

（2）把泡好的糯米放入蒸箱蒸40分钟。

昌南麻糍

（3）将蒸好的糯米放入石碾中，用手工打制。

（4）把打好的糯米制成圆形，放入黑芝麻粉、白糖即可。

8. 宫廷藕酥（开门子酒店）>>>

主料：面粉100克，酥油、黄油、牛油各50克。

配料：莲蓉100克、发菜少许。

调料：白糖适量。

制作步骤：

（1）面粉加水进行揉面。

（2）将牛油、黄油、酥油混合一起倒入面粉里面。

（3）混合油与面粉混合成酥。

宫廷藕酥

（4）混合酥包入莲蓉做成莲藕的形状。

（5）最后用发菜进行装饰。

9. 景德大麻圆（紫晶宾馆）>>>

主料：糯米粉200克。

配料：水100克、糖50克。

调料：芝麻、食用油少许。

制作步骤：

（1）将糯米粉混合均匀，揉成软面团。

（2）将面团放进锅里蒸。

（3）蒸熟之后用手揉成圆形，沾上芝麻。

景德大麻圆

（4）再拿出来揉实，把芝麻揉进麻团。

（5）锅中做油，烧至七成热，放入生麻圆。

（6）再用小火炸至表面金黄即可。

10. 养生脆爽（乐平菜园子酒店）>>>

主料：核桃仁、菊花菜、青菜、韭菜少许、开胃黄瓜、鸡

养生脆爽

蛋。

配料：生姜、大蒜适量。

调料：食用油、食盐、味精、酱油、麻油、辣椒适量。

制作步骤：

（1）黄瓜切段，加入生姜、大蒜、生抽、白糖、小米椒、盐、味精等调料凉拌，放置1小时，装盘。

（2）核桃仁过油后，冷却，加入白糖、美极鲜凉拌，装盘。

（3）用蔬菜（菊花茶、青菜、韭菜等）切丁，加入鸡蛋、生粉、面粉、制成蔬菜饼，蒸熟。

（4）用生粉、面粉、泡打粉调和蔬菜汁，制成脆皮酱。

（5）让蒸熟的蔬菜饼裹上脆皮酱，再入油锅炸，捞出后改刀，切成条装盘。

制作关键：油温掌握非常重要。炸核桃仁的油温大约四五成热。炸蔬菜饼的油温控制在七八成左右。

（六）其他风味小吃

1. 碱水粑 >>>

将碱水粑切成薄片，以本地烟熏腊肉、鸡蛋、大蒜等炒之。碱水粑还有一种少为人知的吃法，就是在碱水粑刚蒸好时，蘸一点酱油就可入口品之。松软的糕加上碱味，然后再蘸上酱油，吃起来与日后切成片做过的碱水粑有着不一样的风味——一种更加亲切的天然味道。

2. 炒米粉 >>>

主要原料为地道的景德镇地区产的干排粉，配以肉末、大蒜、辣椒壳、鸡蛋等旺火炒熟。也被称为炒粉，是景德镇一道特色小吃，也是大众喜爱的菜肴。从原料上讲，米粉制得好的有三间庙排粉、河西排粉、乐平洄田排粉，这三地的排粉特别柔韧，不会黏糊在一起。炒熟后，米粉呈金黄色油光发亮状，味道又香又辣，让人望而生津。街面上，几乎家家饮食店都能做炒米粉，几乎家家过年时少不了一道煮食兼菜肴，就是炒米粉。可见，瓷都老镇上的人，对米粉是情有独钟、爱不离口的。

3. 炒年糕 >>>

从前只有在过年才能吃到的炒年糕，现在是景德镇人小吃店内经常能品味的小吃品种之一。年糕是以糯米掺少量优质大米通过磨粉、蒸熟等工序制作而成的。主要特点：黏性强，天冷时质地异常坚硬。炒前，切片时不要切得太厚，因为太厚不易入味；但也不易切得太薄，因为太薄则太软，没有嚼劲。所以，年糕要炒得好吃，年糕片的大小厚薄有很大影响。为了使它有较好的口感且不黏在一起，要先在油里煎炸一下。炒年糕如加虾油，颜色较漂亮，不似酱油呈黑红色，且虾油味道是越陈越吃越有味，不似一般的味精及高鲜味精，只是入口时感觉到暂时的鲜味，吞咽后反而会有口干口渴的感觉。

4. 油煎肉饺 >>>

它是景德镇常见的一种早点食品，也是老镇上的人最爱吃

的一种早点食品。先将沸水加入精面粉中，反复揉动揉匀后，摘成一只只小坨坨。再用木棍擀成圆形皮子，捏成牙形饺子。锅烧热后，滑上一层油，将饺子自外向里摆放平锅中，煎至黄色；再加入清水，盖上锅盖，待水将至焖干时，淋上少许油，略煎干即成。特点，皮香、馅鲜、包中含汤，有咬头，不黏牙。

5. 油条包麻糍 >>>

油条包麻糍为景德镇常见民间小吃，将新鲜滚热的麻糍平铺在两根或数根刚炸好的油条上，撒上白糖和熟芝麻，再将油条对折，形成油条包麻糍，然后放在白糖和熟芝麻上一滚，即可食用。油条包麻糍吃起来香甜可口，老少皆宜，既有油条的香脆，又具麻糍的香甜，将两者合理搭配，可谓相得益彰。此小吃始于何年，无人知晓，但历经长久，风靡不衰。

6. 清汤扁食 >>>

北方包面或馄饨，在景德镇人口中统称“清汤”，亦称“扁食”。景德镇的清汤扁食与北方馄饨有很大区别：包面以精粉作皮，鲜肉作馅。皮薄透明，馅满而实，香味诱人，咸淡可口。根据个人口味，还可佐以胡椒粉或辣椒末，更加味美。以麻辣烫的方法做汤，是制作清汤麻辣烫最关键的一环，因此原汤的好坏直接关系到清汤麻辣烫的质量。要调制好原汤，首先要使用质量上乘的调味品，比如：豆瓣（以郫县豆瓣为上）、豆豉、醪糟汁、老姜、大蒜、精盐、鸡精、料酒、麻油、胡椒粉、冰糖和五香料等。口味则可略淡，汤色乳白，以调鲜为主，充分展现食材本身的美味。

（七）其他特色菜肴

在富有草鞋码头别称的景德镇，自古以来民间流传的特色菜肴非常之多，但百姓爱做爱吃的还是家常菜。

1. 鲶鱼豆冲 >>>

在景德镇可以吃到一道特色佳肴，那就是“鲶鱼煮豆冲”。先将新鲜的鲶鱼加入佐料煎好，放入开水泡过的豆冲，加清水用文火煮入味即可，吃起来味道异常鲜美。

2. 豆冲烧肉 >>>

它是景德镇人最爱吃的一道家乡菜。此菜放入盘中，色泽好看，味道浓郁。慢火烧制恰到好处的豆泡，软糯适中，很有嚼头。猪肉油而不腻，豆冲饱含肉汁，吃上去满口留香，回味无穷。

3. 腊肉饨甲鱼 >>>

腊肉饨甲鱼，是景德镇乐平涌山一酒家独特的美味佳肴。其味香气扑鼻，腊味诱人，是远近闻名的一道“乡里乡亲”菜。

4. 臭鳜鱼 >>>

臭鳜鱼又叫腌鲜鱼。闻起来臭，吃起来香，肉质醇厚入味，又保持了鳜鱼的本味原汁。做时将骨刺与鱼肉分离，肉切成块状。这道菜在河西加油站附近的“家常菜”酒家，是一道特色主菜，近年来远近闻名。

5. 藜蒿炒腊肉 >>>

藜蒿本是江西鄱阳湖一种普通的水草，这道菜最早是生活在鄱阳湖的渔民发明的，因其烹饪后具有一股特殊的水草清香，慢慢传入南昌人的餐桌。景德镇人在前人的基础上，经过不断琢磨、改进烹饪手法，最终形成把藜蒿的经典做法同自己家腌制的腊肉、腌菜和新鲜的韭菜、辣椒、竹笋等来爆炒的做法。目前，藜蒿炒腊肉已成为景德镇一道具有代表性的菜肴。

6. 腐竹烧肉 >>>

这是一道景德镇人逢年过节时最爱烧制的特色菜。做时先将腐竹在油锅里炸至金黄色备用；将五花肉切成一寸见方的块，在开水里氽一下，捞出待用。炒锅放入少量花生油，油中放入一些糖（这样比用料酒更易上色），用铲拌匀，待糖溶化后倒入五花肉翻炒，让五花肉上色后再加一些料酒，放入姜、蒜、葱翻炒片刻，然后放入酱油、糖适量，继续翻炒片刻，放入鸡精、腐竹翻炒，再加适量水，盖上锅盖，中火炖上十分钟，待汤收汁即可。烧好的肉质色泽鲜艳、清香诱人，腐竹入嘴一咬，里面的汤汁溢出，味美异常。

7. 白切狗肉 >>>

狗肉不仅蛋白质含量高，而且蛋白质质量极佳，尤以球蛋白比例最大，对增强机体抗病力和细胞活力及器官功能都有明显作用。食用狗肉可增强人的体魄，提高消化能力，促进血液循环，改善性功能。狗肉还可用于治疗老年人的虚弱症，如尿溺不尽、四肢觉冷、精神不振等。冬天常吃，可使老年人增强抗寒能力。中医认为狗肉有温肾助阳、壮力气、补血脉的功效。随着人们生活水平的提高，狗肉对于人们的吸引力更为强烈，过去不上席的狗肉，如今已成为景德镇人膳食中的稀世珍品。景德镇的白切狗肉，又以“乐平白切狗肉”最享盛名。俗话说：“寒冬至，狗肉肥”，“狗肉滚三滚，神仙站不稳”。寒冬正是吃狗肉的好时节，狗肉味道醇厚，芳香四溢，它与羊肉都是冬令进补的佳品。

CHAPTER 6

好梦瓷都

——宾至如归

当你跋山涉水、穿街走巷了一天，拎着大包小包遥望山边的夕阳，你一定累了，需要找一个放松“充电”的小天地。景德镇的住宿十分方便，既有星级酒店，也有中档旅馆，还有便捷的连锁酒店及乡村酒店、农家旅舍，遍及车站、景区和闹市区周边。

一 星级宾馆

1. 紫晶宾馆 >>>

位于景德镇市区昌南大道紫晶路9号，四周山林环抱，溪水淙淙，是一个环境幽静、风景宜人的五星级酒店。

紫晶宾馆1号楼大门

紫晶宾馆外景图

2. 开门子大酒店

位于市区瓷都大道1055号，是一个交通十分便利的四星级酒店，与5A级景区——古窑民俗博览区隔路相望，信步可至。

开门子大酒店

3. 景德镇大酒店

位于闹市区的珠山中路230号，是一个出门即可逛街购物的四星级酒店。

景德镇大酒店餐厅

4. 朗逸酒店

位于闹市区的珠山西路5号，也是便于逛街购物的四星级酒店，距离火车站与长途客运站的路途相当，交通方便。

朗逸酒店外景

5. 豪门大酒店

位于景德镇市高速路出口处，是邻近西客站和中国陶瓷城的四星级酒店，交通方便。酒店内设施全部选用国际一流酒店设备，使客人充分感受到华丽与尊贵。

除此之外，景德镇市的三星级酒店有：景德镇宾馆，位于风景路60号；财政宾馆，位于新村北路43号；昌河宾馆，位于朝阳路816号；新昌江酒店，位于瓷都大道1051号；良友宾馆，位于珠山中路42号；昌南半岛酒店，位于珠山西路58号；乐平佳佳基大酒店，位于乐平市山西路182号；瓷都宾馆，位于马鞍山路197号；文苑大酒店，位于文苑通站路36号，还有中奇大酒店、瑶里假日酒店等等。

二星级宾馆有：金盛宾馆、长城宾馆、军供宾馆、鹏程宾馆、重阳宾馆、蓝天宾馆、凯旋宾馆、豪庭商务酒店、凯乐假日酒店、翠微宾馆、半岛国际酒店等。

二 连锁酒店

如家快捷酒店、7天连锁酒店等。

三 其他

在郊区及乡村风景区内，还有众多乡村酒店及农家旅舍，环境清新、收费不高，且有农家风味饮食，特别适合喜欢深度旅游、体察地方风情的“驴友”和“自驾游”的朋友。

（星级饭店联系方式详见后文附表3《景德镇市星级饭店一览表》）

CHAPTER 7

开心瓷都

——别样体验

景德镇作为千年瓷都、文化名城，虽然没有大型游乐场、儿童乐园、水上世界等现代娱乐设施，但您依然可以在这里的风景区或大街小巷，找到极具地方特色的娱乐项目，并可以参与其中，为您的瓷都之行再添几分精彩。

一 陶艺体验

在景德镇，最应当参与的活动就是亲身体验一下瓷器的制作过程。在古窑民俗博览区、绕南陶瓷主题园区、三宝陶艺村，以及众多的陶瓷作坊和陶瓷工作室，体验者可以从以下三个环节着手。如果想保存收藏自己亲手制作的瓷器，只要支付一定的费用，店主就会为您烧制好，并包装结实邮寄给您。

1. 拉坯做瓷 >>>

在辘轳车上，您可以将一坨瓷土放上去，学着老师傅的样子，试着做一只碗、一块盘。也许，您忙活了半天，什么也没做成，但没关系，您已经从中收获了很多；也许，您天资聪慧，一坨瓷土在您手中变成了一只碗、一块盘，或是其他任意符合您心意的器物，您一定会开怀大笑的。

游客拉坯做瓷

2. 瓷上作画

游客瓷上作画

您可以在瓷坯上学画青花，可以在瓷胎上画山水、花鸟、人物，可以画您喜欢的任意画面。尤其是在瓷胎上，您可以随意发挥，随笔潇洒。画错了，没关系，擦掉重来。就像在教室的黑板上用黑板擦擦掉重来，就像在您手中的平板电脑上删除重来，只要您有足够的时间与耐心，就一定会有收获。

3. 瓷上书法

假如您对自己的书法有一定的自信，您可以在瓷坯或瓷胎上留下您的墨宝。即使您对书法毫无造诣也没关系，完全可以提笔写上“某某某到瓷都景德镇一游留念”这样的字，总比在景区的树上、墙上胡乱涂鸦文雅千百倍吧！

二、快乐飞歌

1. 娱乐一条街

在景德镇市区浙江路集中了多家KTV、酒吧、茶室、咖

啡厅、娱乐城，您可以轻歌曼舞，也可以放歌辣舞；您可以浅斟细品，也可以举杯豪饮；您可以欣赏现代歌舞，也可以品味“镇巴佬谈评”（用方言讲故事）。

2. 古戏台演出 >>>

如果您厌倦了现代的娱乐方式，就到休闲广场、人民公园、昌江岸边去溜一溜吧，您不用花一分钱就可以享受到大众文化。在古戏台上，在广场角落，在绿荫丛中，您可以看到赣剧、采菜戏的表演，听到民间俚语小调的演唱。也许，这些算不上“阳春白雪”，但“下里巴人”说不定就勾起了您对历史的回眸、对故乡的牵挂呢！

三 亲临佛界

佛教传入景德镇地区较早，晋代建有佛教的显教寺等。据史料记载，到清代为止，寺庙共有125处。现存有旸府寺、观音阁、南云寺等佛教古寺，供信徒参拜和游客观瞻。

1. 旸府寺 >>>

旸府寺坐落在景德镇市区昌江西岸的旸府山。旸府山古称阳阜山，传说大禹治水后，驻足结庐于此，炼丹修行，功成后飞入天庭。玉皇敕封其为“旸府真君”，故后人以“旸府”二字冠其山、谓其寺。

唐代四川云僧在旸府山建寺庙。北宋庆历二年（1042年），浮梁进士金君卿到寺中游览，并吟诗留念。南宋绍兴三年（1133年）秋，岳飞自江州（今九江）取水道入朝，渡鄱阳

旸府寺大雄宝殿

湖，浮昌江水，曾登顶旸府山，为旸府山题楹联一副：“机关不露云垂地，心镜无瑕月在天。”后寺庙几经损毁，现为20世纪90年代后重建。

2. 观音阁 >>>

观音阁始建于明代天顺年间（1457-1464年），位于市区昌江东岸，与旸府寺隔江遥望。清乾隆帝曾畅游观音阁，钦赐“观音坐正殿，文昌坐后殿”。后庙宇几经损毁，现为20世纪90年代后重建。

3. 南云寺 >>>

南云寺，古名居云寺，由宋高僧秀松禅师于景德年间（1004—1007年）所建，并留下“景德皇帝景德泉，天下清名天下享”之偈语。后寺庙几经损毁，现为20世纪90年代后重建。

CHAPTER 8

行走瓷都

——闲庭信步

景德镇是座山城，但随着现代交通工具和设施的建设，出入景德镇并在其区域内行动，已变得十分便利，胜似闲庭信步。

1. 航空 >>>

景德镇建有机场，距市区只有十几分钟的车程。现已开辟往返北京、上海、广州、深圳、厦门、成都、西安、福州的航班。

2. 铁路 >>>

皖赣线贯穿全境，有往返于北京、上海、广州、厦门、南京、福州、青岛、合肥、扬州、昆明、南昌、鹰潭的客运列车。尤其是九景衢铁路的建成、通车，将使景德镇西连九江市，与武九、京九、合九、铜九衔接并直达北京；东接衢州市，与沪昆铁路和正在规划建设的沪昆客运专线、衢州至宁德铁路衔接，是江西省与东部地区之间的快速铁路通道。

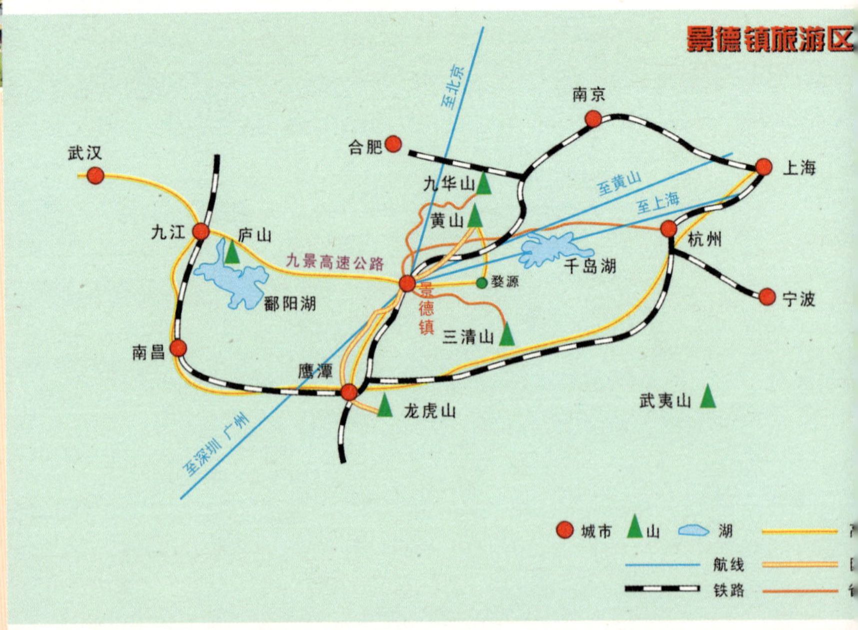

3. 公路 >>>

高速公路贯穿全境，8小时之内可抵达上海、南京、杭州、长沙、武汉、广州等周边省会城市，景德镇均有往返上述城市的高速客运班车。

4. 辖区内交通状况 >>>

国道、省道及乡镇公路四通八达，通往各个风景区的道路平整宽阔，并有往返的定时班车。市区内公共汽车线路密集，在主要线路上有深夜公交汽车。另有出租车昼夜服务，十分便利。

附 录

附表1：

景德镇市旅行社一览表

序号	单位	电话（区号0798）	地址
1	景德镇中国国际旅行社	8515888	珠山西路1号
2	西海国际旅行社	8535566	瓷都大道567号
3	景德镇春秋国际旅行社	8293222	昌江大道29号
4	瓷都旅行社	8207166	朝阳路68号
5	公交旅行社	8492125	朝阳路299号
6	电力旅行社	8223637	新枫园天安保险公司斜对面
7	乐平江维旅行社	6820288	珠海南路4号楼
8	青年旅行社	8227716	广场北路23号
9	花苑旅行社	8220696	珠山中路78号2楼
10	神州国际旅行社	8237866	莲社北路信华商贸城7栋15号
11	长运旅行社	8587014	迎宾大道西客站一楼
12	景德旅行社	8565868	瑶里景区内
13	职工旅行社	8397188	春天花园2栋3单元206
14	光大旅行社	8272766	新村北路43号
15	景德镇大众国际旅行社	8206565	珠山东路66号
16	环球旅行社	8219808	莲社北路112号
17	佳友旅行社	2188518	朝阳路150号
18	乐平教育旅行社	6833378	洎阳中路202号
19	乐平丰圣旅行社	6828333	珠海东路1号
20	假日旅行社	8518608	珠山西头人大店铺
21	珠山康辉旅行社	8239111	景德商城3楼街18号
22	山水旅行社	2628551	朝阳东大道6号

续表

序号	单位	电话（区号0798）	地址
23	方圆旅行社	8385580	新风路留春花园16号店
24	青花之旅旅行社	8290077	广场北路409号
25	海外旅行社	8225252	广场北路亲亲家苑
26	招商旅行社	8273833	珠山西路5号
27	凯悦旅行社	8225592	梨树园北苑2弄88号
28	紫晶国际旅行社	8563939	瓷都大道1051号
29	浮梁环宇旅行社	2620566	民福平安街
30	运通国际旅行社	8666289	瓷都大道968号
31	君悦国际旅行社	8280600	昌南大道昌南大厦107号
32	高岭旅行社	8296196	浙江路十字路口天天渔港国际大酒店
33	大自然旅行社	2628222	浮梁县滨江路4栋5–6号
34	景楠旅行社	8282026	解放路237号
35	瓷源国际旅行社	8499939	朝阳路789号实际春晖15栋1层7号店
36	远大旅行社	8476666	广场北路47号
37	广达旅行社	8202111	梨树园南苑
39	瓷韵旅行社	8565708	通站路121号
40	古窑印象	8390666	昌江区伊龙嘉苑2栋15号
41	华夏国旅	8569987	广场北路47号汇民大厦一楼 8 号店面

附表2：

景德镇市A级旅游景区一览表

序号	景区名称	等级	电话（区号0798）	地址	门票
1	古窑·民俗博览区	AAAAA	8524444	瓷都大道古窑路1号	95元
2	高岭·瑶里风景区	AAAA	2601909	浮梁县瑶里镇	150元
3	浮梁古县衙景区	AAAA	2620903	浮梁县浮梁镇旧城村	50元
4	洪岩仙境风景区	AAAA	6318111	红岩镇	81元
5	得雨生态园	AAAA	8388662	瓷都大道11号	10元
6	中国瓷园·锦绣昌南	AAAA	8561222	新平路1号	免票
7	雕塑瓷厂明清园	AAA	8442662	新厂东路139号	免票
8	江西怪石林景区	AAA	7101666	众埠镇文山分厂	120元
9	冷水尖景区	AA	2691118	鱼山镇礼城村	15元
10	御窑厂遗址景区	AA	8201378	珠山中路187号	53元

附表3：

景德镇市星级饭店一览表

序号	名称	总台电话（区号0798）	地址	星级
1	紫晶宾馆	8599999	昌江区紫金路9号	五星
2	开门子大酒店	8577777	昌江区瓷都大道1055号	四星
3	景德镇大酒店	8518888	珠山区珠山中路230号	四星
4	朗逸酒店	8388888	昌江区珠山西路5号	四星
5	豪门大酒店	8589831	昌江大道西侧1号	四星
6	东方大酒店	7028888	乐平市迎宾大道5号	四星
7	瑶里假日大酒店	2606988	瑶里风景区内	三星
8	中奇大酒店	2666666	朝阳东大道南侧	三星
9	景德镇宾馆	8271188	风景路60号	三星
10	金叶酒店	8562218	昌江区瓷都大道1168号	三星
11	财政宾馆	8292369	新村北路43号	三星
12	昌河宾馆	8467000	朝阳路533号	三星
14	良友宾馆	8272288	珠山中路42号	三星
15	昌南半岛	8565677	珠山西路58号	三星
16	乐平佳佳基	6788869	乐平翥山西路182号	三星
17	瓷都宾馆	8381111	里村花园197号	三星
18	文苑大酒店	8288888	通站路36号	三星
19	金盛宾馆	8207818	珠山中路71号	二星
20	长城宾馆	8214218 8214246	珠山区新村西路1号	二星
21	军供宾馆	7020999	通站路38号	二星
22	鹏程宾馆	8509818	珠山区瓷都大道1251号	二星
23	重阳宾馆	8213260	珠山区通站路1号	二星
24	凯旋宾馆	8210333	珠山中路277号	二星

续表

序号	名称	总台电话（区号0798）	地址	星级
25	豪庭商务酒店	8205666	珠山区里村花园翠云路1号	二星
26	凯乐假日酒店	8210888	景德镇市珠山区珠山中路50号	二星
27	翠 园 宾 馆	8200499	广场北路市九中对面	二星

附表4：

景德镇市陶瓷市场一览表

序号	名称	地址
1	金昌利陶瓷大市场	珠山中路2号
2	景德镇国际商贸广场	解放路152号
3	陶瓷大世界	珠山区莲社北路144号
4	中国陶瓷城	迎宾大道55号
5	锦绣昌南中国瓷园	新平路1号
6	昌南之窗	新平路1号
7	华阳国际陶瓷市场	珠山区广场南路
8	景瀚陶瓷广场	广场南路26号景瀚陶瓷广场
9	红店街	莲社北路56号

附表5：

景德镇市娱乐场所一览表

序号	公司名称	联系电话（区号0798）	地址
1	景德镇市昌河娱乐城	8442019	珠山区昌河一区
2	景德镇市海涛娱乐有限公司	8337763	珠山区森林公园内
3	景德镇市御窑娱乐中心	8209282	浮梁县中华北路
4	景德镇市珠光娱乐中心	8534557	珠山区风景路18号
5	江西佳浔钨业有限公司九华娱乐分公司	9012193	珠山区珠山中路121号2—3楼
6	景德镇市九华娱乐有限公司	8232268	珠山区珠山中路121号
7	景德镇市纬昌实业有限公司	8223000	珠山区广场北路新德园二楼
8	江西省乐平市文化馆	6833056	乐平镇西大街99号
9	浮梁县鹅湖镇人民政府文化站	2762152	浮梁县鹅湖镇鹅湖街
10	景德镇市工人文化宫	8228217	珠山区莲社北路16号
11	景德镇市珠山文化贸易站	8528613	珠山区中山南路174号
12	景德镇市珠山区文化馆	8521612	珠山区中山北路277号

后记

有着“千年古镇，世界瓷都，生态之城”之誉的景德镇，物华天宝，人杰地灵，是国务院颁布的首批中国历史文化名城之一。她以积淀厚重的陶瓷文化和山清水秀的自然环境蜚声中外，成为世界各国游客心驰神往的最佳旅游目的地之一。编写一部能够全面展示景德镇历史风情和现代风貌的旅游文化读本，为世人打开一扇了解这片神奇热土的窗口，一直是景德镇旅游行业管理者的迫切愿望。今天，借着“游遍江西旅游系列丛书”编辑出版的东风，经过编写组全体同仁的共同努力，“景德镇卷”如期面世，这个夙愿总算实现。一卷编罢，感触良多，我想，本书在内容和形式上至少体现出以下几个值得肯定的特点：

体系完备。但凡“吃、住、行、游、购、娱”等与旅游相关的内容，无所不有。一卷在手，景德镇的人文风情、地域风物、乡里风俗、街市风貌，莫不纳入读者的视野，堪称一部了解景德镇的小型百科全书。

实用性强。旅游文化读本既不同于注重文采的文学作品，也不同于着重考据的史学著作。它强调的是既要通俗，又要实用。本着这样一种原则，本书的编写者们在浩如烟海的素材中“淘尽黄沙始得金”，以简约笔调为读者勾勒出一幅内容翔实、可读可用的“瓷都行旅图”。可谓一卷在手，如与导游携手。

特色鲜明。“中华向号瓷之国，瓷业高峰是此都”，强调的是景德镇举世瞩目的“瓷都”地位。编者紧扣这样一个主题，无论是介绍自然风光、人文风情，还是街市风貌，但凡涉及瓷业，都把文章做足做实，在读者面前精彩地呈现出景德镇作为世界瓷都和艺术之城的地域特色。除了古色珠山，本书还用了相当篇幅介绍红色浮梁、绿色昌江和多彩乐平等富有地方特色的旅游资源，让人耳目一新。

图文并茂。为了增强文章的可读性，有心的编者还在不少篇章中恰到好处地配上了相应的图片，既美化了版面，又增强了读者对“瓷都”景德镇的感性认识，有些图片还是值得读者收藏的宝贵史料，可谓一举多得，善莫大焉。

如同拍电影一样，编书也是一项难免留下遗憾的工作。由于相关资料的匮乏和信息盲点所囿，编写者的笔触难以跟上“瓷都”一日千里的变化，加之时间仓促，本书除了存在对重要选题的遗珠之憾，在文字表述上肯定还会有这样或那样的讹误，竭诚欢迎读者朋友不吝指正。对于江西省旅游协会暨“游遍江西旅游系列丛书”编委会在本书编写和出版过程中给予的鼎力支持，我们在此一并表示诚挚的谢意！

景德镇市旅游局局长　尧宁生

2014年1月10日

图书在版编目（CIP）数据

游遍江西. 景德镇卷：千年瓷都 / 王晓峰主编. ——南昌：江西人民出版社, 2015.1
（游遍江西旅游系列丛书）
ISBN 978-7-210-06497-8

Ⅰ. ①游…　Ⅱ. ①王…　Ⅲ. ①旅游指南－江西省　②旅游指南－景德镇市　Ⅳ. ①K928.956

中国版本图书馆CIP数据核字（2014）第138505号

游遍江西之景德镇卷——千年瓷都
王晓峰　主编
责任编辑：王一木　杨帆
书籍设计：同异文化传媒
出版：江西人民出版社
发行：各地新华书店
地址：江西省南昌市东湖区三经路47号附1号
编辑部电话：0791-88612505
发行部电话：0791-86899036
邮编：330006
网址：www.jxpph.com
E-mail：jxpphwym@sina.com　web@jxpph.com
2015年1月第1版　2015年1月第1次印刷
开本：880毫米 × 1230毫米　1/32
印张：7
字数：170千
ISBN 978-7-210-06497-8
赣版权登字—01—2014—429

定价：29.80元
承印厂：南昌市红星印刷有限公司